理不尽
観光を殺すのは誰か

Yoshitaro Iwasaki
岩崎芳太郎
鹿児島商工会議所会頭　いわさきグループCEO

あさ出版

はじめに

誰に読んでもらうのかを逡巡して一〇年

今回の出版は、前回の『地方を殺すのは誰か』から一〇年振りの上梓《じょうし》となる。数年前から二冊目の本を著したいという思いは強かったが、多忙なせいもあり上梓には至らなかった。また、誰に対して書くのか、読んでほしい人は誰なのか、その人たちに何を伝えたいのかを絞り切れていなかった。これらが二冊目までに十年、「一昔《ひとむかし》」という長い時間を要した理由であった。

今日の世界は、非常に高度に発達した社会であり、地球温暖化問題などに象徴されるように、地球上の人類という生物が地球を破壊するのではないかというほどに、人類の進歩が進み、また人口増加が拍車となり、地球規模での変化をもたらしている。逆に言えば、地球上における「人（ホモ・サピエンス）」という種の存在が大きくなった。

また、グローバルという名の下に、人の活動が、十九世紀後半から二十世紀に確定した国民国家という枠組みを越えて機能するようになった。このことは、国民国家もしくは国家間の関係、すなわち、インターナショナルという見方で、大概の出来事を解釈し解決することができないほどに複雑化したことを意味しており、いわゆる、グローバリズムの時代になったということである。

また、米ソの冷戦が終わることによって、カール・マルクスの資本論以降に展開された、資本主義 対 社会主義、という単純な二分律で世の中を論ずることができなくなった。

その他、諸々、私たちの住む世の中が大きく変化し、こういう世の中になったことによって、どこにスポットを当てて自説を紹介していいのか、誰に対して何を書いたら耳を傾けてもらえるのか、決めかねていることが大きな理由だった。

誰に読んでもらうかは、筆者の立場をどこに位置付けるのかにより大きく変わるものであり、その人々に興味を抱かせる内容でなければならない。当然、その本を、いろいろな立場やさまざまな思想を有する人々に多少なりとも興味を持ってもらい一気通貫的に読んでもらえるような本を書こうとすることは、起こり得ないことに挑戦することを意味する。不遜にもそのような本にチャレンジすれば、ほとんど中身のない本、換言すれば、誰にも読まれぬ本になると直感される。

よって、どういう立場から書くべきか、つまりは誰に読んでほしいのかと躊躇《ちゅうちょ》逡巡《しゅんじゅん》してきた。

著者としての立場を明確にする

立場という点からすれば、まずは、**私は中小企業の経営者である**。現在、日本にある企業三六〇万社弱のうち、九九・七パーセント※は中小企業であり、今の時代は中小企業の経営者にとり歓迎すべき時代とは言えず、内外に多くの問題を抱えている。私が考えていることや知り得たことが他の経営者の方々にとり経営の一助になればという思いがある。

※**九九・七パーセント**　中小企業・小規模事業者数：357.8 万社　99.7％（2016 年中小企業庁）。

次に、祖父、父、そして私と、三代にもわたる、**鹿児島商工会議所会頭**という職にある。ある地方における経済団体での三代にわたる経験から、地域をどう発展させたらいいのかという知見、その立場からうかがえる国の仕組みの問題点、地域を発展させるための提言も著したいという思いがある。地方という点からすれば、拙書《せっしょ》『地方を殺すのは誰か』のバージョン2を書くべきという思いもある。

また、**一般財団法人　岩崎育英文化財団の理事長**という立場がある。この財団は祖父が七〇年前に創設したものであり、日本のため、最近では鹿児島の地域発展のためには人材育成が不可欠である、という思いの中で積極的に活動している財団の理事長として、日本における人材育成や教育のあり方に関しても私見を述べたい思いがある。

私は**オーナー企業のオーナーであり、有り難いことに息子を後継者として持つ親**である。長男は大卒で家業に戻して一〇年経過してオーナー経営者見習修業中である。次男は、大学卒業後三年商社で修業させたが、二〇二〇年四月に我が社にいったん帰した。彼らを意識して、事業継承にポイントを置いて何か書き残したいとの思いがある。相続税が資本主義経済体制の先進国の中で最高に高い日本で、事業継承に苦慮している経営者は多いこともあり、その点からも自説を披露したい思いがある。

鹿児島人という立場がある。鹿児島に生まれ高校まで鹿児島に育ち、大学で東京に行き、商社で八年勤め、ニューヨークに三年半赴任し、三十代で鹿児島に帰り、三〇余年を経過し、やはり私は鹿児島人であると痛感している。拙書でも述べたが、鹿児島を良くするためには何をしなければならないのか、鹿児島はどういう地域性を有する場所であり、何が良くて何が悪いのか、という思いがある。「地方を殺すのは地方自身では」という、やや自虐的な内容になるかもしれないが、そういう視点も重要である。

折しも二〇一八年が明治維新一五〇年にあたることから、明治維新、とくに西郷さん（西郷隆盛のこと）を改めて勉強し直した。明治維新によりこの国が大きく変革し、その後の変遷を経て、結果として現在の資本主義・自由主義経済の民主国家としてG8の一角を担う国になったわけだが、それを鹿児島人として歴史を勉強した中で（明治六年の政変が好例だが）、今の歴史認識の歪んだ部分について明明白白にしたいという思いがある。

私は、地方分権論者ではなく地方主権論者を自称し、三〇年近く、その主義を通してきているが、改めて私の言う地方主権という概念（ものの考え方をある程度尊重したかたちで）、この国の政治のあり方や仕組みについて見直すべき点を著したいという思いがある。地方主権と地方の国際化を意識し、私が考えた造語であるが「インターローカル」という言葉とその思想について紹介したいという気持ちも強い。

もう一つは、郵政民営化・小泉改革・規制緩和という大きな日本の変革期があったときに、私は、いわゆる**守旧派に分類される側で郵政民営化に反対してきた**。これには、相応の理由があり、これに関して自分の主義主張を世の中に訴えたのが、最初の『地方を殺すのは誰か』という拙書であった。その後、小泉改革の、もしくは新自由主義的な弱肉強食社会の大問題が起こり民主党政権になり、それが修正され反省を経て現在の日本がある、との観があるが、私は、日本の本質は一切変わっていないと解釈している。

加えて、シンボリックに言えば、私は自分を**アンチグローバリズムを持ったアン**

チグローバリストと定義づけている。グローバリズムという名の下に世の中が変えられていることの裏に隠れている一部の利害関係者の思惑や、それにより世の中が変調をきたしていることに、自説を展開して、盲信的なグローバリズムという世の中の風潮を少しでも正常な形に戻すために警鐘を鳴らしたいという思いがある。

その思いの実践例の一つとして、たまたま衛星放送の放送事業免許を有しており、その会社を「インターローカルメディア」と名付けている。

前述したが、「インターローカル」という造語は、いわゆるグローバリズムという名の下の、悪い意味で想定されている日本のあるべき姿、もしくは中央集権国家的なナショナリズムで発生している現状の日本国での問題点に関して、それを打破すべく象徴的に創ったものである。

いろいろな思いを「インターローカル」という言葉に象徴して、中央集権官僚国家でもない、ただただ金融資本主義的なグローバル社会、きれいごととしてのグローバリズムでもない、我々があるべき国のあり方を、言葉を一つのシンボルとして、何か本を書いてみたいという思いは強い。

以上の立場や視点での私見を網羅的に著せば、結局は、前述の通り中身のない本になり、いったい誰に読ませるつもりの本なのか曖昧になる。といった逡巡の中、時機を逸していた。

新型コロナウイルスによって問題点が浮き彫りになる

一方、二〇二〇年の二月から新型コロナウイルスによって、世の中が今まで経験したことのない世界的な異常事態に陥り、当然日本も例外なく巻き込まれ、その異常事態がノーマルと思えるほど、一年以上も続いている。そのような中で、自分が今まで述べてきた視点からみれば、問題点が浮き彫りになった。よって、世界的な新型コロナウイルスのパンデミックを、地方の中小企業の経営者の視点で書くのも一案であるとも思う。

さきほど、私は中小企業の経営者と書いたが、我が社は約三〇社の企業グループで従業員が約二五〇〇人いるので、この点だけなら中小企業ではないかもしれない。事実、小泉改革後の経営環境で我が社は衰退して現在に至るが、小泉改革前は従業員六〇〇〇人の中堅企業という位置付けであり、確か収入・売上で八五〇億円程度の規模であった。コロナ禍前で、収入・売上は四五〇億円程度であったので、この二〇年で約半分の規模になった。

よって、**我が社は負け組であることは間違いない**。小泉改革前はほとんどの地方の県には我が社のような中堅企業が二、三社はあったが、その多くは、小泉改革以降の新自由主義経済環境下で倒産した。**この視点でみれば、我が社は「負けなかった組」とも言える**。

縷々《るる》、書きつづってきたが、結局、二冊目の本に、何を書くか決められぬまま、二〇二〇年二月※から新型コロナウイルスのパンデミックの災禍に飲み込まれ、会社をつぶさないように、日々の責務をリアリスティックにこなすだけで、一年をある意味、無為に過ごしてしまった。

そのような状況の中で、日本医師会の会長の中川俊男氏の発言が契機となり、東京都医師会の会長の尾﨑治夫氏がそれを助長し、政府分科会の提言がなされたため、

※**二月**　鹿児島には、ダイヤモンド・プリンセス号が2020年1月22日に寄港したため、その頃からコロナ騒動に巻き込まれ、風評被害での新型コロナウイルスによるダメージは２月から始まったため、「二月」と記す。

政権批判のためを第一義的な目的としているとしか考えられないマスメディアのネガティブキャンペーンが始まってしまった。そして、遂に政府はそれに抗しきれず、二回目の緊急事態宣言の発出とあわせ、「ＧｏＴｏトラベル」が突然中止となった。

これで、我が社は再び大打撃を受けた、否、受けているとの表現が適切であろう。ちなみに、我が社の中核事業は観光・運輸である。二五〇〇人のうち、管理部門も含めて二〇〇〇人弱が観光・運輸に従事している。幸いに祖父と父が守り残してくれた資産のおかげで、二〇二一年三月は過去前例のない大欠損であるにもかかわらず、倒産を回避できる財務基盤があり、この苦境は乗り切られる。

しかし、このまま異常な移動抑制・行動制限が続けば、また傷口が広がり瀕死《ひんし》の一歩手前になる。否、会社がつぶれないため、瀕死になる前に、運輸事業、観光事業関係を廃業し、従業員を解雇しなければいけないのではないかとさえ思ってしまう。（二〇二一年四月十八日の時点で状況は最悪になっている。第四波なる感染拡大リスク対応のために従来通りの移動抑制・行動制限の継続が取り沙汰されているからである）

そのような切迫した経営環境の中、とりあえず、地方の中小企業の経営者、地方の観光・運輸事業の経営者、地方の地域経営に経済団体や業界団体を通じて携わっている人間として、全国に向けて、中央の人々に向けて、物申すために一冊本を書こうと決めた。

そして、その本の題を『理《り》不《ふ》尽《じん》』とし、サブタイトルを「観光を殺すのは誰か」とすることに決めた。

錦の御旗「不要不急の外出」は天使か悪魔か

この本が、何人の人に読んでもらえるかはわからない。政治家や役人、マスコミや評論家、当然そういう方々にも手に取ってもらい、**一年経過していまだにコロナ禍で苦しんでいる業種が存在することを把握願いたい。**我々にも、生き残るための思いやりを、そして救済の手を施してほしい。

くれぐれも「命か経済か」という本質を外したレトリックで片付けずに、真剣に議論することから逃げないでほしい。

ただ、この本は同業者（観光・運輸・飲食業）、すなわち、同じ生業《なりわい》の人々にも読んでいただき、いろいろと考え、そして、生き残るために主張して、行動してほしい。

「不要不急の外出」は自粛の対象である時、どうしてすべての旅行を「不要不急の外出」とみなすのか。

観光は現代の人間社会に必要ではないのか。それ以上に旅行が感染拡大の主たる要因であるという実証もされておらず、合理性を欠く思い込みにより、反社会的な行為である前提で、各種政策が決定され、マスコミ等が印象操作することが私には耐えられない。

我々にはこのような議論をすることさえ許されていないと感じるのは、私の被害妄想に過ぎないのであろうか。観光は現代版「魔女狩り」の対象であるようだ。

二〇二一年五月

著　者

※本書で掲載している制度・法律内容、データは二〇二一年四月末現在のものです

序章　道理が非理に優越するために　～座して死すことに甘んじるつもりはなし～

第1章 「県境を越えるな」の理不尽 ～不当な嫌疑のかけられ方に異を唱えたい～

第2章 「命か経済か」の理不尽
～国のあり方～

第3章 「感染拡大と移動」の理不尽
～公の新型コロナウイルス政策にモノ申す～

2 不要不急と自粛要請　168

3 議論百出した理由　177

3 官僚の優位と政治の不在 270

序章

道理が非理に優越するために

～座して死すことに甘んじるつもりはなし～

私が考える、九つのコロナ禍対策

結局、本書の起稿を二〇二〇年十一月に開始して、出版社に入稿するまで六カ月かかってしまいました。時間が長くかかっているだけでなく、仕事の合間、合間に書いたものですし、新型コロナウイルス環境は、刻々と状況が変化する中、すでに書いた原稿を事後的に部分修正しながら、状況の変化に対して、後追いして原稿を追加するという、稚拙な執筆のやり方になってしまいました。本書で私が指摘しているような、長期的視点からの展望を欠く、戦略性のない、場当たり的なこの国の新型コロナウイルスのパンデミック対策のような執筆になってしまいました。

したがって、この本を読んでいただける方からすれば、話がくどい、コンテクストに整合性が取れていないと感じられる箇所があると思います。また、一年前の話をされても、記憶も不確かで、また関心度も低いことでしょう。

今回、これらの問題点を修正することよりも、早く本書を世に出すことを優先し、あえて、欠陥本での出版とさせていただきました。

本書が多くの方々に読んでいただけるのかはおぼつかないものの、世に出ないかぎりは誰の目にも触れませんし、たとえ小数の人にしか読んでいただけなくとも、お読みいただいた方に共感を賜り、その人が発言をし、行動してもらえることを期待して、やるべき事をやらずしての出版となりました。

それぐらい、観光・運輸・飲食の事業者は疲弊し、消滅寸前です。このことにご理解をいただき、ご容赦をお願いします。

さて、本書をお読みいただく前に、私の考える「コロナ禍対策」について簡単に言及させていただきます。

コロナ禍対策に関しては、その人その人の立場や哲学思想や人生観等で大きく違います。したがって、本書も、私の主観と客観性の高い情報とを極力区別して記述したつもりですが、客観性が高いとした判断自体、私の主観に左右されていますので、それを考慮して私の考えるコロナ禍対策をまず述べさせていただきます。

一　ＳＡＲＳやＭＥＲＳと異なり、新型コロナウイルスの封じ込めは不可能です。いわゆる「終息」は不可能であり、「収束」という状態を目指すべきと考えます。

二　「収束」という状態については、異なる立場や思想哲学や人生観が存在するため、厳格な定義はできない前提で、その枠組み、枠組みで構成員のマジョリティーが新型コロナウイルスの恐怖を感じず、安心して生活できる安寧《あんねい》な社会に回復することと考えます。たとえば、県であれば県民の、国であれば国民のマジョリティーが新型コロナウイルスを必要以上に恐怖しない状態になることです。この意味では、地球規模での「収束」は当分（五年以上）、可能性がないと考えるべきです。

三　具体的には、新型インフルエンザに対する「警戒感」と感染した場合の健全性を保っての生還率に裏付けられた「安心感」が、国民のマジョリティーで獲得され共有される状態と同等のレベルを新型コロナウイルスの場合の「収束」と定義すべきと私は考えます。

四　したがって、私は、日本においては、ワクチンがゲームチェンジャーにはなり得ないと考えています。欧米先進国では感染者数、死亡者数がオーダー※で大きいため、ワクチンを危機状態打開のキーとしていますが、そもそも欧米先進国と日本ではやっているゲームが異なっていることから、私は、ワクチン救世主論を支持しません。

五　少なくとも、日本はワクチン開発競争の敗者であるとともに、グローバリズムの偽善とは裏腹に、欧米先進国のワクチンは、自国民優先は当然であることから、国の発表通りにワクチン接種は進むとの前提を、経営判断の前提としては採用しません。少なくとも国家単位での「収束」は、この二年以内での実現は（国によりますが）可能ですが、地球規模での「収束」は可能性ゼロに等しいと考えます。

※**オーダー**　桁数（10のべき乗）。

六　そもそも一般の人は、ワクチンでもたらされる「収束」において、「マスクが外せる」とか「飲みに行ける」等、日常生活における通常生活に戻れる状態を「収束」としていますが、観光の事業者にとっての「収束」はそれ以上の状態でなければなりません。そして、観光の事業者にとっては、「終息」≠「収束」は永遠に到来しない可能性が大と考えます。

七　私は医療関係者ではありませんが、観光の事業者にとって望ましい「収束」は、新型インフルエンザと同様な公衆衛生上の対応とそのための社会システムの整備が要諦となります。すなわち、感染者の早期隔離と重症化の前の早期治療と予防策としてのワクチンの併せ技が効果的かつ現実的と考えます。とくに、日本においては感染者が世界の先進各国と比べて多くないこと、国民皆保険でかつ医療体制が先進国の中でも極めて整備されていることに注目すべきと考えます。

八　しかしながら、現在、ワクチンに偏重した対応策に国もマスコミも専門家も終始しており、治療薬について、もう少し国として戦略的対応をすべきと考えます。日本においてはワクチンよりも治療薬のほうがゲームチェンジャーになり得ると私は思います。そして、治療薬による「収束」のほうが、観光の事業者にとっては早期に経営環境が改善する、と私は考えます。

九　レムデシビル、イベルメクチン、アビガン等々治療薬について、いろいろな情報を仄聞《そくぶん》します。確かに特効薬とはなり得ませんが、現実にこの一年間現場の臨床医によって使用されてきた事実からすれば、抗ウイルス剤として、ウイルス増殖の抑制効果はあるのではないかと推察されます。医者ではありませんが、無症状者、軽症者に早期の段階で投与すれば、中等症化、重症化を抑えられるのではないかと思います。無症状者も含め感染者数の縮減を異常なマイナスエネルギーを費やして死亡者のゼロを目指すよりは、無症状者、軽症者の治療・治癒にポイントを移すべきと考えます。

十　現行の、「ＰＣＲ陽性者を感染者として自宅隔離やホテル隔離を行ない実質的に放置し、微熱が出たら解熱剤を処方して放置し、結果として、そのうちの何人かが重症化して死亡する」という方法よりも、初期の段階で抗ウイルス剤を処方投与する対応のほうが、医療としてだけでなく、公衆衛生上も芳しい対応と考えます。実際、新型インフルエンザ対策におけるタミフルも、そのような役割を担っていると理解します。

「旅行は不要不急の移動である」

さて、第四波なる感染拡大により、二〇二一年四月二十五日から三回目の緊急事態宣言が東京・大阪・兵庫・京都に発出されました。その直前まで東京他一〇府県で、まん延防止等重点措置が実施されていました。

この措置で「対象地域の皆さまには不要不急の外出、移動の自粛、とくに不要不急の都道府県の移動は極力控えること。」に国および知事は協力を求めています。すなわち「旅行は不要不急の移動である。感染が拡大している人口密集地で感染拡大防止の対策が講じられている地域の人が、そうでない地域に旅行することも旅行は不要不急だから極力控えないといけない。」と都道府県知事と国が対象となる地域の人々に要請していると解釈できます。

当然、その要請を受けるかどうかは、個人の自由意思でした。そして、その緊急事態宣言が延長され複数県追加されました。これが、一四カ月の新型コロナウイルスのパンデミックとの戦いの現状です。残念ながら「終息」はもちろん「収束」さえなっていません。

二〇二〇年十月から十二月で、製造業、ＩＴ関連産業、小売業等主要な業種は増益で、業績がいまだ回復されていないのが、運輸・サービス業でした。二〇二一年一月から三月で、状況はさらに顕著になりました。

三月の日銀短観では大企業（製造業）業況判断指数（ＤＩ）は二〇二〇年十二月の前回から一五ポイント上昇し、プラス五（景気が良くなっている）であり、これは二〇一九年九月以来のプラスでした。大企業非製造業のＤＩは四ポイント上昇し、マイナス一でした。３四半期連続で景気（すなわち経済活動）は回復しています。

しかし、業種間の格差は広がりました。宿泊・飲食は一五ポイント悪化し、ＤＩ

はマイナス八一に落ち込んでいます。中小企業は全産業でＤＩはマイナス一二でしたが、これは前回より六ポイント上昇したものです。数字が手元にないので記載できませんが、当然、業種間の格差は拡大しています。

【参考】鹿児島・宮崎の企業短観
全産業のＤＩは前回調査より二ポイント悪化のマイナス六
業種別では、非製造業は一〇ポイント下落のマイナス七
サービス・宿泊飲食はマイナス三三で三九ポイントの大幅悪化
製造業は一六ポイント改善のマイナス四

コロナ禍と称する状態が継続中ですが、日本経済は少なくとも国内経済は、ほとんど元に戻っています。**この章の終わりに二〇二一年三月の企業短観の表をつけておきます**。経済面でいまだコロナの災禍で困窮しているのは、主に観光・運輸・飲

食業（とそれに関連した業種）に従事している企業や人々だけと言って過言ではないでしょう。しかも、その事業者の規模は大きくなく、数は多いのです。

緊急事態宣言が二〇二〇年四月十六日に発出された時、国はすべての国民一人に一〇万円の支給を発表しました。そして、支給しました。総額で一三兆円程と聞いています。あれは何を目的とした政策だったのでしょうか。

国民の九九パーセントを敵に回すことを覚悟で申し上げます。あの悪手が新型コロナウイルスとの闘いを始めるにあたって、国を、国民を勘違いさせ、結果、「無※《む》謬《びゅう》性《せい》の原理」の虜となって、本質を踏まない、場当たり的な政策、施策の垂れ流しになっている、と私は考えます。国はいまだに補償、賠償という名目で、コロナの災禍（移動抑制、行動制限の人為的損害も含め）で損害を受けた者に支援を行なっていません。建前が「自粛の要請」「営業を制限する要請」という類のものであり、あくまでも、その結果の行動は、要請を受けた側の任意の意志としているからです。

ただ、営業については、営業の制限の要請を受けた飲食店に協力金名目で、金銭的支援を支給します。一方、要請を受ける意志がない店についても、そういう店の

※**無謬性**　発言・行動に誤りが含まれていない、常に絶対に正しいとすること。この「無謬性」をある組織において適用し「ある政策を成功させる責任を負った当事者の組織は、その政策が失敗したときのことを考えたり議論したりしてはいけない」とすること。本書では「無謬性の原理」と呼ぶ。

私権の制限について、憲法違反云々の本質から世間の目をそらせています。かつ、過料を科したり、店名公開などの社会的制裁を加えたりするなどして、何とか大勢を服従させせようとします。

それは、日本人の同調性※の高さを悪用した、ある意味、姑息な手段で、本来は民主主義社会においては公権力が行なってはいけないことです。ですから、グローバルダイニング社が東京都に対して起こしたような訴訟が起きるのです。

誰が、どのように傷んでいるのかという視点

ところで、三回目の緊急事態宣言の時、この飲食店に対する営業制限の要請についての協力金は、一店舗一日六万円でした。当然、名目は補償金でなく、あくまでも協力金です。当然、外出自粛要請についての協力金は払われません。最初に一人一〇万円支給したからかもしれません。

国および対象地域の都道府県の知事の、この自分のテリトリーの一般人への外出

※**同調性**　集団内の大多数の人々が一致して示している行動、態度、集団の標準、規範などに合致する、あるいは類似した行動や態度をとること。

自粛の要請は、感染拡大を努力して抑制している地方の観光・運輸・飲食事業者のお客様を奪う行為です。そういう知事方は対象の地域の外で時短等の営業上の制約を要請していませんから補償金が出ないのは当然ですが、一日六万円の協力金も出ません。

地方で観光・運輸業や飲食業を営んでいる事業者は、「どうせやるなら、私たちにも『東京・大阪から来るお客様に対して御利用を断ってください』と東京都知事や大阪府知事は要請を出してもらいたい」と…。そして、「一日六万円の協力金をください」と思うのではないでしょうか。

前述の通り、国は国民一人に一〇万円をばら撒きました。コロナ禍で収入が減っていない公務員や上場企業や非上場の大企業の給与所得者とその家族にもばら撒きました。

二〇二〇年の勤労者世帯可処分所得は四九・九万円／月であり過去最高の額です。ちょうど、一〇万円／人の分だけ可処分所得が増加しています。一方、全世帯家計消費支出は二七・八万円／月で、この数年で最低のレベルです（出所：総務省統計局「家計調査」）。つまり、二〇二〇年は可処分所得が大きく増えたにもかかわらず、国民は例年よりも消費を抑えているのです。

すなわち、一二兆円はほとんど使われていないのです。

コロナ禍で収入が減り、多くの国民が困窮するとの前提に立って、全国民に一〇万円／人支給したはずです。実際は、すべての銀行の預金残高が、二〇二〇年は増加しました。

結局は使われないで預金されただけです。

収入が減って一〇万円／人で本当に助かった人も少なくないでしょう。根拠はありませんが、そういう人たちはせいぜい一〇パーセント程度だと思います。家族三人で三〇万円の特別収入が入って、では車を買いかえようというような例、つまり耐久消費財を買った人も多かったようです。住宅・マンションも結構売れたと聞いています。トヨタ社は二・二兆円の最高益でしたし、ニトリ社もそうでした。

自動車や家具の購入に回ったのでしょう。それでも、一二兆円は使われずに預金が積みあがりました。

私は、この一人一〇万円はコロナ禍対策という点で真に意味を持ったとは思えません。

持続化給付金、家賃補助など、その他の一時金とか支援金で良策と言えるものはほぼなかったと思います。

誰が、どのように傷んでいるのかという視点で、本質から目をそらさず、コロナ禍対応政策で経済的ダメージを受けた人々に、しっかり補償や賠償として、然るべき支援を行なう哲学の中で税金を使っていたら、結果として、このような合理性を欠く、公正性を欠くパフォーマンスの悪い支援・助成でなく、もう少しまともになっていたと思います。

いずれにしても、**一四カ月経過して、観光・運輸・飲食業はいまだに大変な経営状況です**。それも、元凶は新型コロナウイルスのパンデミックですが、主因はパンデミック対応として為された政策がもたらした現在の社会環境にあります。とくに、経済環境、経営環境は人為的に作り出されたものです。

にもかかわらず、その問題の人為的側面は無視されて、自然災害のように扱い、地方の観光・運輸・飲食業に対して、救済の手はいまだにありません。それ以上に救済の眼差《まなざ》しさえも向けられていません。

道理はこちらにある限り必ずや道は開ける

財務省や財政規律信奉者間ではすでに、財政問題を理由に、出し惜しみする傾向にあります。大都市に人口が多く、マスコミも評論家も官僚も都会の人たちです。

東京の問題が日本全体の問題のように報道され、世論が形成され、為政者の圧力となります。東京の飲食店の困難な絵面は毎日のようにテレビで流されますが、倒産寸前の地方旅館・ホテルやお土産屋さんの報道は全くありません。地方の公共交通機関の経営が行き詰まっていることも、社会問題として報道もされません。

二〇二〇年一年間は、国税、固定資産税、地方税、社会保険料の会社負担等、猶予してもらいました。これぞ仁政でした。

二〇二一年は、二年目はどうしてくれるか、まさか二〇二一年に二年分を払えとは言わないだろうなと注視していたら、結局は、インチキ猶予でお茶を濁されました。インチキとは、猶予とは名ばかりで、「二〇二〇年分も二〇二一年分も今払わなくていいよ、だけど延滞税を一パーセント取りますよ」が結論でした。

二〇二二年に三年分払うことになるのでしょうか。財務省も厚生労働省も総務省も延滞税を一パーセント取ることで、本音は納付に誘導しています。自分の財布のほうが大切ということです。悪政の極みです。

理不尽とは「道理を尽くさないこと」、「道理にあわないこと」と辞書にあります。道理とは「物事のそうあるべきすじみち・ことわり」「人の行なうべき正しい道・道義」で、反対語は「非理」になります。

現時点で、**この国の新型コロナウイルス対応を「理不尽」だと思う人は少ないと**

思います。一つは、ウイルスは自然界の事象で、元々、道理とか非理の対象とならないこと。もう一つは、個人的な行動の制約を受けてはいますが、ほとんどの国民が生計を立てられないとか、会社が倒産するとか、そして路頭に迷うとかのレベルで困っていないからだと思います。

しかしながら、私は申し上げたい。どう考えても、観光・運輸・飲食で二五〇〇人の社員とその家族の生活を支えている企業の経営者としては、この一四カ月間「理不尽」だらけで、その「理不尽」は今後も続くのかと思うと誰かに文句の一つも言いたくなります。しかも際限なく見えます。

そう思うと「心」が折れそうになります。

多分、私だけでなく、日本国民のマジョリティーではありませんが、少なくとも、一〇〇〇万人近くの観光・運輸・飲食業で生活している人たちは、何がしかの「理不尽」を強く感じていると思います。でも大概の人々が日本人らしく諦めているような気がします。

こんな「理不尽」な仕打ちを受けて、座して死すことに甘んじるつもりはありません。


できるだけの努力を私はしたい。

そして、同業の皆さんにも諦めずに頑張っていただきたい。

私たちに賛同する政治家の方々、知事さんたち、そして業界関係者や行政関係の人たち、そういう方が何パーセントいらっしゃるかわかりませんが、もし、いらっしゃるのであれば、日本の観光業、運輸関連業、飲食業が壊滅しないために応援してほしいと切望します。


どう考えても「道理」は私たち側にあります。「道理」がこちら側にある限り、必ずや道は開けると信じたいです。

日本の社会システムは中央集権であるだけでなく、マスコミも中央集権的で、経済団体も業界も中央優越思想で支配されています。

しかし、私たちが意思を持ち、揃って声を上げて、協調して行動すれば、「道理」

が「非理」に優越し、私たちの生存権は侵害されないですみます。それは、人として合理性のある政策のみが自然界の疫病の災禍を克服して、新型コロナウイルスのパンデミック環境を「収束」に導き、私たちの生活が日本の社会が安寧秩序を取り戻せることであることと同義なのです。

新型コロナウイルスのパンデミックになり、すべての経済活動が悪影響を受けると予想された時、国は企業の、とくに中小企業、零細企業の資金繰りと倒産、そして失業の増加を懸念して、危機対応資金の融資制度を準備しました。日本政策金融公庫、商工中金、日本政策投資銀行、そして各県の信用保証協会を通じて、枠付きですが、無担保、無利子で数十兆円の資金が緊急に融資されました。

これで何とか存続が図れた企業は大変多いはずです。我が社もそうです。

あらゆる国民負担も猶予されました。法人税、消費税、源泉所得税などの国税、そして地方税や固定資産税も猶予されました。何とか資金繰りも逼迫《ひっぱく》せずにすみました。ですから、新型コロナウイルスのパンデミックが数カ月で「終息」せず、一四カ月も異常な経営環境が続いても、大概の事業者は倒産・廃業せず何とか生き延びてきました。**正確に言えば、多くの観光・運輸・飲食の事業者が**、です。

「理不尽」は今後も続くのか

第四波が到来しました。三回目の緊急事態宣言が発出されて、しかも、当初の計画通りに二〇二一年五月十一日で終わりそうもありませんでした。実際、三月の時点で、観光・運輸・飲食の事業者は限界に来ていました。だから、廃業するところも段々増えてきていました。

不幸なことに、第四波は変異株がらみとなり、最初の未知の新型コロナウイルスに社会が恐怖した時より、マスコミや学者の人々により、いっそう強調されて人々の恐怖心があおられています。

事実関係としては、感染力は当初の武漢型よりもかなり強いようです。

あえて記述しておけば、変異株の感染力が強いことの結果として、社会的な被害がより大きなものとなるという命題の真偽について、合理的に議論が為されコンセンサス作りがされたわけではありません。ですから「変異株により社会的リスクが拡大する」という前提の設定が必ずしも真ではありません。

三回目の緊急事態宣言は、一回目、二回目より、より強い移動抑制、行動制限を人々に無理矢理強いるために、部分的な事実のみを前提に構成された恣意性の高い命題である、と私からは見えます。要は、結論を導き出すためにデフォルメされた前提条件です。(今、流行しているフェイクではありませんが……)

「変異株では若年者でも重症化する」「感染力が従来種の一・八倍ある」「カリフォルニア型、インド型にはワクチンは効かない」「四月に入り日本にもインド型の感染者が二一名判明」等々です。

この手法は、二回目緊急事態宣言の時の、エビデンスはないのにＧｏＴｏトラベルが魔女となって、移動抑制、行動制限が強化された時と同じです。この手法にマスコミや評論家が「ちょうちん持ち」として重要な役割を担ったのも同じです。

話が前後しますが、「より強い移動抑制、行動制限」については「飲食店で酒類を提供しない」に象徴される多くの常識人から共感を得られないものが多々含まれます。都内の百貨店等一〇〇〇平方メートル以上の小売店舗に営業自粛を要請したことも、別な観点から、常識を逸脱していると思います。

東京都が電鉄会社にダイヤの減便を要請した結果、逆に通勤時に乗車率が二〇パーセント近くまでいったことは、対策の中には合理性を欠く対策が少なくなかったことの証左でしょう。変異株の感染力が上がった理由が、感染経路の変化（通常の飛沫から、より空気感染に近い微粒な飛沫による感染へ）という仮説を真としたら、このダイヤ減便要請は感染者を増したこととなり笑い話にもなりません。

小池百合子都知事としては、都内の感染拡大の原因は都民がしっかりとテレワークしなかったせいだと思っているのでしょう。テレビは、「若い社員はテレワークで仕事できるのに、古い上司のせいで出社しないといけなかった」という映像をさかんに流していました。テレワークできない業種がほとんどである観光産業の関係者である私からすれば、愉快な映像ではありません。

観光・運輸・飲食業にとっては目下最悪の状況です。「正しく恐れる」べき全国の知事さんたちが変異株に過剰反応して「県境を越えるな」と、またまた、しかも今回は従来よりも強いメッセージで言い出しました。実際、感染者は全国的に著《いちじる》しく増加しています。

ただ、前述の通り、それが社会的リスクの増大とイコールであるとすることについては、合理的議論をもってのコンセンサス作りはなされていません。

今回も「医療崩壊」が黄門様の印籠《いんろう》になっていますし、高齢者を中心に、新型コロナウイルスに罹患《りかん》し、重症化し、死亡するリスクに対する恐怖を最大関心事に、この国の政策が、各都道府県の知事の対応が議論されるとすれば、当然「東京から来るな」「大阪から来るな」「名古屋から来るな」となって当然です。

ここでは、感染症法の指定感染症二類に新型コロナウイルスがなっていることが問題であり、五類にすれば、「医療崩壊」騒ぎは合理的に解決するという説を唱える人もいることを紹介しておきます。

ただ「県境を越えて移動するな」が「酒を出すな」「一〇〇〇平方メートル以上の小売店は営業するな」「テレワークで仕事しろ」と同じものとして、国民に、もしくは都道府県民に、再三再四しかも強く要請されると、地方の運輸・観光・飲食事業は大変困ることは事実です。それが「死刑宣告」に近いものに聞こえる事業者は少なくありません。

余談ですが、地方の観光産業の苦境に関心が集まらない中、マスコミでも、SNSでも、国会でも、東京イコール日本の前提で、三回目の緊急事態宣言が延長されて、措置の緩和について国と都がどうであるとか、東京オリンピックがどうであるとか、ワクチン接種がどうである、という視点のみ議論がなされています。

地方の人間、観光・運輸・飲食業に関わる人間、そして地方主権論者である私からすれば、この国の経営のあり方にある種の「理不尽」さを感じます。

過去の事象に対する記述や、くどいと思われる部分もあるかと思いますが、以降、愚論を展開させていただきます。

	企業				大企業					
	2020年6月	2020年9月	2020年12月	2021年3月	2019年12月	2020年3月	2020年6月	2020年9月	2020年12月	2021年3月
	-36	-34	-17	-2	0	-8	-34	-27	-10	5
	-27	-23	-14	-11	20	8	-17	-12	-5	-1
	13	15	13	18	37	36	15	21	17	22
	-20	-9	-2	2	35	32	-12	-11	-4	15
	-10	-16	-3	-9	19	29	7	-10	3	14
	-32	-32	-22	-10	7	-7	-27	-24	-16	-7
	-25	-9	7	4	-3	-7	2	18	23	19
	-48	-44	-43	-39	17	-7	-43	-38	-24	-19
	21	15	35	15	14	14	8	21	29	29
	15	8	0	4	44	45	20	22	23	31
	-20	-19	-5	2	10	3	-22	-13	-12	-21
	-9	-4	3	14	42	35	8	5	13	24
	-64	-58	-39	-39	25	-6	-70	-65	-43	-51
	-94	-82	-51	-82	11	-59	-91	-87	-66	-81
	-30	-28	-15	-8	9	0	-26	-21	-8	2

資料出所：日本銀行 全国企業短期経済観測調査

◎業況判断（産業別・企業規模別）

（「良い」－「悪い」・％ポイント）

	中小企業						中堅	
	2019年12月	2020年3月	2020年6月	2020年9月	2020年12月	2021年3月	2019年12月	2020年3月
製造業	-9	-15	-45	-44	-27	-13	1	-8
非製造業	7	-1	-26	-22	-12	-11	14	0
建設	24	18	5	5	9	9	26	22
不動産	13	9	-12	-7	-1	-4	24	21
物品賃貸	29	17	-29	-27	-14	-23	29	15
卸売	-5	-10	-38	-35	-24	-19	3	-6
小売	-14	-20	-38	-21	-9	-5	-1	-9
運輸・郵便	4	-10	-38	-41	-28	-25	11	-17
通信	15	9	-3	15	22	29	35	50
情報サービス	21	22	5	4	-1	7	39	38
電気・ガス	25	16	8	7	7	20	18	6
対事業所サービス	14	11	-18	-20	-8	0	28	25
対個人サービス	-1	-14	-66	-57	-43	-41	17	-10
宿泊・飲食サービス	-15	-52	-87	-74	-41	-75	-6	-69
全産業	1	-7	-33	-31	-18	-12	9	-3

（注）1. 回答率 = 業況判断の有効回答社数 / 調査対象企業数×100
2.「最近」の変化幅は、前回調査の「最近」との対比。「先行き」の変化幅は、今回調査の「最近」との対比。
3.「造船・重機等」は自動車以外の輸送用機械。

コラム 「悟性」磨きのススメ ①

「悟性」は一般的な認知度が低い。

「理性」と同義と捉えれば、「理性」の枠組みの中で解釈される。「感性」的な部分を切り取れば「感性」として扱えばことが足りる。

ある意味、専門的に極めれば、必要ない概念なのだろう。


いろいろ調べれば、「悟性」とは、簡単に言えば「理性」と「感性」の中間みたいなもの、と考えればいいみたいだ。

少なくとも、ニュートンやエジソンたち天才がリンゴの落下や雷を観察し、彼らの「悟性」を使って発見や発明を行なったから、現代文明社会があると私は思う。

同様に人文科学の分野では、現代の思想や哲学、経済学、心理学、論理学も、歴史上の天才・哲人の成果物の蓄積と考えることができる。


私は、その成果物を体系化したものを共有したうえで、人の智恵として利用する能力を「知性」と解釈している。

第1章

「県境を越えるな」の理不尽

～不当な嫌疑のかけられ方に異を唱えたい～

提言や発言と説明責任を問う——1

ＧｏＴｏトラベル、そして緊急事態宣言

この執筆を開始したのが、二〇二〇年の十一月下旬だったと思います。

今、二〇二一年の四月十八日で、すでに半年近く経ってしまっています。やはり、地方の中小企業の経営者の職責を、かつ地域もしくは全国の業界・経済団体の役員の責務を果たしながら、コロナ禍について地方目線での意見を上手に取りまとめて、一冊の書籍として上梓することは容易なことではありませんでした。

二〇二〇年十一月時点では、第三波なる感染拡大の兆候が大都市部を中心に現れ、ＧｏＴｏキャンペーンの中断や感染拡大の抑止のために、二回目の緊急事態宣言の

発出云々の議論がなされ、一方で特措法（新型インフルエンザ等対策特別措置法の略。以下同）の改正の議論が始まりました。

結果としては、ＧｏＴｏキャンペーンはすべて中断し、二〇二一年一月八日に、東京、千葉、神奈川、埼玉の一都三県に緊急事態宣言が発出されました。この二回目の緊急事態宣言には罰則規定が設けられることとなりました。二月十三日から改正特措法が施行され、「まん延防止等重点措置」という制度も付加されました。

第三波なる感染拡大は、二〇二〇年十一月に入ってから、まず東京、札幌などの首都圏で感染者の増加が顕著となり、日本医師会中川会長が十一月十八日の定例記者会見で、四月や八月のピークを超えて感染者が増加しているので、まずは感染拡大している地域への移動の自粛の必要性を訴え、十一月二十一日からの三連休の移動を我慢するように訴えました。また「感染防止対策が結果的には一番の経済対策につながる」と強調しています。

中川会長は、この十一月十八日の記者会見で、トラベル事業との関連を問われた時に、「ＧｏＴｏトラベル自体から感染者が急増したというエビデンスはなかなかはっきりしないが、きっかけになったことは間違いないと私は思っている。感染者が増えたタイミングを考えると関与は十分しているだろう」と話しました。

ちなみに、十一月十八日の発言は東京で過去最多の四九三人の感染者が出た事実を踏まえてのものです。さらに「コロナに慣れないでください。コロナを甘く見ないでください」と訴えています。

十一月二十日には、東京都医師会の尾﨑会長が、東京都がＧｏＴｏトラベルの対象となった二週間後から、全国で新規感染者数が増加しているように見えるとして、人の移動が活発になったことが影響しているとの見解を示し、

〜前略〜

私の提案でございます。急がば回れという言葉があります。やはり感染症を今の激増している状態を放っておけば結局は国民の方も心配になって、あまりＧｏＴｏに行かなくなるんだろうと思ってますし、ですからここで一度やはり中断するという決断をしていただけないでしょうかというふうに一つは考えております。とくに全国的には無理だという話であれば、やはり感染が多い北海道とかそ

れから東京とか、そういうところはちょっと考えていただけないかというふうにも考えております。

いや、それは無理だ、今ＧｏＴｏをやめることはできないということであれば、たとえばマイクロツーリズムという考えをもう一度見直していただいて、近場のところでそういったＧｏＴｏを行なうと。あまり遠くまでは行かない。これも私はそれなりに人の移動が止まってきますので、効果があるのではないかと思っております。

～後略～

出所：「Yahoo ニュース　THE　PAGE　2020/11/20」記事より

と述べています。

この時に同氏は、「一日一〇〇〇人になると東京の医療はもたない」とし、東京の医療崩壊危機について全国的に知り渡らせました。加えて、ＧｏＴｏイートについては、「店側も、さまざまな感染予防対策を施していることから、客側も大人数で行かないとか、外食の頻度を減らすなど、お互いに対策をとれば続けてよいと思う」と話しています。

また、十一月二十日の分科会から政府への提言の中で、

～前略～一般的には人々の移動が感染拡大に影響すると考えられる。

・そうした中、この時期に、人々に更なる行動変容を要請する一方で、ＧｏＴｏＴｒａｖｅｌ事業の運用をこれまで通りに継続することに対し、人々からは期待と懸念との双方の声が示されている。

・ＧｏＴｏＴｒａｖｅｌ事業が感染拡大の主要な要因であるとのエビデンスは現在のところ存在しないが、同時期に他の提言との整合性のとれた施策を行なうことで、人々の納得と協力を得られ、感染の早期の沈静化につながり、結果的には経済的なダメージも少なくなると考えられる。

・そもそも、政府も分科会も、都道府県がステージⅢ相当と判断した場合には、当該都道府県をＧｏＴｏＴｒａｖｅｌ事業から除外することも検討するとしてきた。

・現在の感染状況を考えれば、幾つかの都道府県でステージⅢ相当と判断せざるをえない状況に、早晩、至る可能性が高い。

・こうした感染拡大地域においては、都道府県知事の意見も踏まえ、一部区域の除外を含め、国としてGoToTravel事業の運用のあり方について、早急に検討して頂きたい。

・感染拡大の早期の沈静化、そして人々の健康のための政府の英断を心からお願い申し上げる。

・なお、感染がステージⅡ相当に戻れば再び事業を再開して頂きたい。

②GoToEat事業

・GoToEat事業については、プレミアム付食事券の新規発行の一時停止およびすでに発行された食事券やオンライン飲食予約サイトで付与されたポイントの利用を控える旨の利用者への呼びかけについて、都道府県知事に各地域の感染状況等を踏まえた検討を要請して頂きたい。

〜後略〜

新型コロナウイルス感染症対策分科会

私たちの考え〜分科会から政府への提言〜

令和二年十一月二十日(金)

等の意見表明がありました。

このような経緯の結果で、十一月二十一日に政府は、ＧｏＴｏトラベル事業について、「感染拡大地域を目的地とする旅行の新規予約を一時停止するなどの措置を導入しました。ＧｏＴｏイート事業については、食事券の新規発行の一時停止やポイント利用を控えることについて検討を要請する」等の措置を講ずることを決定し発表しました。

政府は、一月七日に緊急事態宣言を決定し、一月八日には発出しました。

小池都知事は、十二月三十日の記者会見で緊急事態宣言の発出の要請について言及しました。

年の明けた、二〇二一年一月二日には、一都三県の知事が新型コロナウイルス感染症対策担当大臣の西村康稔《やすとし》大臣に緊急事態宣言の発令を要請しました。

ＧｏＴｏトラベルは、年末年始（十二月二十八日から一月十一日）、全国で一時停止となっているものが、緊急事態宣言の発出に合わせて、二月七日まで一時停止の延長が決定していました。（十二月十四日には、全国に先行し、札幌市、大阪市、東京都、名古屋市の四都市を目的地・出発地とする旅行を対象から除外することを決定）

GoToトラベルの嫌疑は現代版「悪魔の証明」

この頃から、世の中の雰囲気が再び悪い方向に向かい出しました。

事実関係は、感染者数が第二波の時より多くなり、新型コロナウイルスによる社会崩壊の危機は高まり、とくに問題視されたのは医療崩壊でしたので、移動抑制・行動制限は必要でした。

ただ、私から見れば、GoToトラベルが感染者数の増加に「タイミング的に関与している」「GoToトラベルの対象に東京が入った二週間後から全国で感染者数が増加している」「『GoToトラベル』自体から感染者が急増したというエビデンス（根拠）はなかなかはっきりしないが、きっかけになったことは間違いないと私は思っています。感染者が増えたタイミングを考えると関与は十分しているだろう」（すなわち感染拡大の主要な要因である蓋然性が高い）等、「医」学者の先生たちから、東京都知事他、全国の知事の多くの方々から、科学的に実証することもなく、合理的に論証することもなく、観光が、旅行が、「疫病をまん延させる疎《うと》ましき魔女」と認定を受けたことです。

いろいろと反論を書いていきますが、このような嫌疑のかけ方は、十八世紀にキリスト教会が異端者を魔女に仕立て上げて、当人に自分が魔女でないことを証明する事を強いるに等しいと私は思います。いわゆる「悪魔の証明」というものです。

現代社会において、このような形で、観光や旅行で生計を立てている人々が、収入を得られなくなるような社会環境を受け入れる事を強制されるのは納得いきません。

まず、ほとんどの人が、大きな勘違いをしています。

GoToトラベル＝旅行・観光＝（社会的に問題となる禁止されるべき）人の移動

ではありません。

私も個人的に残念に思いますが、ＧｏＴｏトラベルは熟度の低い政策でした。とくに当初の政府（経済産業省、以下経産省）の実施方針が最悪でした。

一 持続化給付金と同様に経産省は電通に丸投げしようとしていた
二 持続化給付金問題が発覚し、急遽、国土交通省（以下、国交省）に担当を変更した
三 国交省はＧｏＴｏトラベルの開始を早くとも八月三十日に想定して作業を行なった
四 政治的判断で七月二十二日に前倒しされた
五 予定されていなかった地域クーポン券を発行することになった
六 結果、七月二十二日時点でも、国交省において制度設計はできていなかった
七 ましてや実行部隊のＪＮＴＯ[※]他の業界団体および旅行会社大手の寄り合い所帯は、ただただ右往左往するのみであった
八 地域間の格差により、不公正にならないように、地域毎に額を分配する予定であったが、実現しなかった
九 東京が除外され、除外の内容が合理性を欠いた

※ＪＮＴＯ　独立行政法人国際観光振興機構。外国人旅行者の訪日促進に必要な業務を行なうことにより、国際観光の振興を図ることを目的とする独立行政法人。

ＧｏＴｏトラベル＝人の移動の増加

以上は、私が認識している問題点のほんの一部です。

それでも観光関連の事業にとっては天の救いのようなものでした。ＧｏＴｏトラベルで本当に倒産・廃業から免れたと言っても過言ではありません。

ちなみに、風評として、自由民主党（以下、自民党）の二階俊博幹事長が旅行会社の業界のために仕組んだと言われたりしましたが、私の知る限り、そうではありません。

熊本の地震や北海道の水害、広島等西日本の水害の時に直接被害や風評被害を受けた観光関連事業者への救済のために、菅義偉《よしひで》官房長官（当時）が考えて実現した政策です。それまで国は農業・水産業のみに自然災害での被害に救済策を講じていました。ですから、ＧｏＴｏトラベルは観光業界にとっては画期的出来事でした。

ただし、役人は大反対だったと仄聞しています。

本題から逸れてしまいました。私が強調したいのは、**ＧｏＴｏトラベルは政治的**

には合理性のある、ポイントを得た政策だったことです。にもかかわらず、実務担当の官僚組織が自分たちの思惑で都合よく捻じ曲げたため問題を抱えた実施方法となり、加えてタイミングのまずさも重なり、世の中を賛否両論で二分した騒動になってしまいました。

しかしながら、よく考えていただければわかりますが、（二〇二〇年の）三月、四月、五月、六月、七月と収入で例年の一〇パーセントとか二〇パーセントしかない観光関連事業者にとっては、九月、十月、十一月と例年の八〇パーセント程度まで一時的にお客様が戻ってきて、本当に助かったことは事実でした。

本題に戻して、

GoToトラベル ≠ 旅行・観光

とは、GoToトラベルは旅行をすることに税金で助成をして、旅行者数を増す政策です。

GoToトラベルがなくても、旅行したい人、旅行する人は多くいます。つまり、

ＧｏＴｏトラベルは、人の移動というよりも、人の移動を増加させることと解釈するべき、と私は言いたいのです。したがって、ＧｏＴｏトラベルは、時期や対象となる助成によっては、「社会として問題となる政策」となります。

次に、三人の「医」学者がおっしゃっていることから判断すると、マスコミも含め、

ＧｏＴｏトラベル＝旅行・観光

とみなしていると思われます。

また、ＧｏＴｏトラベル、とくに東京がＧｏＴｏトラベルの対象となったタイミングと全国的な感染者数には関連性がありません。

実際、二〇二〇年十月よりも、六カ月経過した二〇二一年四月現在、第四波なる感染拡大で第三波より感染者数が大幅に増加している事実を、三人の「医」学者方はどう説明するのでしょうか。

旅行・観光よりも、地域内での人の移動が感染者数と関連があることは明白です。

しかしながら、現実は、旅行・観光にとって、都合の悪い状況は続いています。第四波の感染拡大を受け、東京・大阪に三回目の緊急事態宣言が出ました。すでに、宮城、大阪、兵庫、東京、京都、沖縄、埼玉、千葉、神奈川、愛知の一〇都府県には、まん延防止等重点措置が実施されています。

地域内の移動の抑制や行動の制限は、今からさらに厳しくなっていくと予想されますが（それを人々が受け入れるかどうかは個人的には疑問に思っています）、相変わらず、「旅行・観光＝（社会的に問題となる）人の移動」とみなされて、再び「都道府県の移動は控えるように」と国も知事も言い出しています。

第三波の時は、エビデンスがないにもかかわらず、ＧｏＴｏトラベルが「きっかけ」とされました。そして「きっかけ」とされたのは、ＧｏＴｏトラベルですが、実際は旅行が感染拡大のきっかけと世間から認定されました。

だから、「旅行はするな」となったと思います。

第四波は、ＧｏＴｏトラベルがきっかけでないこと、何らかの関与もないことは明らかです。第三波、第三波を大きく超える第四波の感染拡大の原因については、国も、専門家会議分科会も医師会関係者も公式には全く言及されていません。

何気なく旅行・観光を禁ずることは理不尽

非公式に変異株が原因であるかのような印象操作が一部の専門家やマスコミでなされ、国民の恐怖心を改めてあおるような場面が目立ってきました。

緊急事態宣言も、まん延防止等重点措置も、感染が拡大した地域を対象とした感染拡大防止の施策です。しかしながら、またまた県境を越えることも抑制すべく、アナウンスメントと環境づくりが始まっています。変異株への恐怖心の植え付けも、それと無関係でないと思います。（四月二十九日時点で、感染拡大地域の拡大防止のための緊急事態宣言に付加的に県境を越える移動の自粛が要請されています。こちらのメッセージは、変異株の全国への拡散防止の意味合いが強いものですが、それは本筋ではありません）

政府や分科会は、「ＧｏＴｏトラベル≠旅行・観光」であること、「ＧｏＴｏトラベル＝感染拡大の蓋然性が増大」について認識しているものの、「旅行・観光＝（社会的に問題となる禁止されるべき）人の移動ではない」との認識は持っていました。ですから、十一月十八日の時点でＧｏＴｏトラベル継続の方針に変わりはないという考えを加藤勝信官房長官は記者会見で示しています。

しかし、十一月二十日以降、風向きが変わった後、ＧｏＴｏトラベル、ＧｏＴｏイートの中断、そして、緊急事態宣言と移動抑制、行動制限の方向に国全体が雪崩をうって動いていきます。その中で、何気なく突然に、県境を越えての移動が制約されることとなります。そして、その理由について、誰からも正式に理由は示されません。（二回目の時も同じでした）

政府や分科会の表向きでない隠された思惑は、感染拡大が著しく医療崩壊の危機が高い大都市部の新型コロナウイルスを地方に拡散させないためです。

しかし、**緊急事態宣言等の移動抑制措置は限られた地域に対して発出されているものであり、特措法上は県境を越える移動に関して、法的裏付けは存在しません。**

したがって、政府も分科会も、とって付けたように、しかし、緊急事態宣言での措置のような形をとって、旅行・観光を感染拡大の主たる原因の一つとして、禁ずるような発表を常に行なってきました。一回目の緊急事態宣言の時から、第二波、第三波そして第四波においても同様です。しかも、第四波においては、それを正当化する材料として変異株があったのです。

しかしながら、私は、この点だけは明確にしていただきたいと思います。現時点の第四波騒動において、緊急事態宣言とは、建前と言うか正式にと言うか、緊急事態宣言の対象地域内の感染拡大の防止を第一義的に目的とした措置であります。

対象地域外へのウイルス拡散防止のための県境を越える人の移動（旅行・観光）の抑制と地域内の感染拡大とを関連付けて、何気なく旅行・観光を禁ずることは理不尽だと思います。地域内の旅行・観光は別にして、県境を越える旅行と地域内の感染拡大との因果関係が示されるべきと思います。仮に、第四波がらみの緊急事態宣言等の措置の目的の一つに対象地域から地域外へのウイルス拡散の防止が正式に意図されているのであれば、その防止策で経済的損害を被る事業者に然るべき補償がなされるべきでしょう。

つまり、**東京・大阪など大都市の住民へ、地方へ旅行・観光をするなと言う限り、地方のホテル・旅館・バス会社、お土産店、飲食店等に補償（せめて協力金）が支給されないと不公平・不公正ではないでしょうか。**

対象地域内の住民への外出自粛要請だけでは効果がほとんどないため、地域内の飲食店へ時短等の営業上の制約をつけるわけです。一方、営業停止を要請すれば補償義務が発生してしまい財政が持ちません。ですから営業上の制約として自粛を要請します。この論理を地方の観光・運輸・飲食の事業者には適用してほしいと思います。東京・大阪等対象地域からの旅行者を利用・宿泊させないように要請してもらい、協力金を支給してもらうという案はいかがでしょうか。

すなわち、私が申し上げたいのは、仮に国は、現在、東京・大阪などの第四波感染拡大地域の感染（とくに変異株）が、**地方の感染が拡大していない県に拡散させないために県境を越えることを抑制したいのであれば、ハッキリとそう言うべきで、変異株が地方へ拡散させないようにするためには「県境を越えて移動するな」と。そして、しっかり、地方の観光関連事業者に補償を行なうべきです。**

第三波の時も、根拠の立証もなく、旅行は魔女とされました。

第四波では、その真偽について正当な審理も為されないまま、魔女としての不当な扱いは何気に継続されています。実に不条理な扱いだと思います。そして、第四波については「変異株」の拡散のリスク拡大という新たな嫌疑をかけられています。

旅行・行楽がすべて不要不急となっていることに異論有り

以下、旅行・観光と感染拡大との問題について、誰からも証拠も根拠も提示のないまま、なぜ、県境を越える旅行・観光が、いつの間にか禁止されるべき移動行為になるのかについての私見を述べます。旅行・観光と感染拡大とのことで、ＧｏＴｏトラベルと感染拡大との問題ではありません。

次ページの表で話を整理してから進めます。

域内での対応については表の通りであり、議論の余地はないと思います。余談ですが、第四波がらみの緊急事態宣言の内容について、私から見れば、度を越したレベルで移動抑制・行動制限が要請もしくは命令されているため、大都市部で多くの論議と多くの問題が発生することが予想されます。為政者による合理性を欠く理不尽な要求は、市民の理解と協力を得られず、成果も得られないだろうと私は思います。

県境を越える旅行・観光がなぜ禁止移動行為になるのか

感染拡大する大都市部	感染が一定レベルで抑制されている地方
(域内) 移動→自粛等で抑制 旅行・行楽→自粛等で抑制(A) Go Toトラベル→行なうべきでない(B) Go To イート→行なうべきでない	
	(域内) 移動→緩和 旅行・行楽→容認(C) Go To イート→容認 Go Toトラベル→容認(D)
移動 不要不急 自粛 旅行(1) Go Toトラベル(2) ⇨	
	⇦ 移動 不要不急 自粛 旅行(3) Go Toトラベル(4)

さて、まず、すでに旅行・行楽がすべて不要不急となっていることに異論がありま す。一カ月とか三カ月とか、長くとも六カ月なら、不承不承でも受け入れますが、一四カ月の長い間、旅行をすべて不要不急として新型コロナウイルス対策が組み立てられることには納得できません。

図表における（1）（3）は現在のところ、「県境を越える移動の自粛」（これは、国からのものと、都道府県知事からのものと両方ありますが）の要請がありますので、平たく言えば「ダメ」という解釈をすべきでしょう。

（2）（4）も、目下中断中、旅行が「ダメ」なのでそれに税金でインセンティブまで付けて旅行する人の数を増す施策なので当然中の当然でしょう。

ここで、二〇二〇年十一月十八日、十一月二十日、十一月二十一日、十一月二十三日の一連の発言をもとに、読者の皆さんに問題の本質を正しく理解してもらいたいと思います。

まず、特徴的な事が、十一月二十三日の全国知事会での警戒宣言です。

この中で「体調が悪い時の帰省や旅行を避けましょう」とはありますが、旅行（帰省含む）をすべてダメ出しはしていません。

この時のホームページでは「都道府県をまたぐ移動をする時は、基本的な感染防止対策を徹底すると共に、その地域での外出自粛要請や飲食店等への営業時間短縮要請など自治体の要請や保健所の指示を守るように」とは書いていますが、（3）についてダメ出しはされていません。ましてや（1）について自粛という表現は全くありません。

十一月十八日の日本医師会会長の発言の場合、ＧｏＴｏトラベルと感染者の急増との因果関係のエビデンスは明確ではありませんが、きっかけとなった旨の発言をして、ＧｏＴｏトラベルにダメ出しをしていますが、旅行についてダメ出しはしていません。前述の通り、「ＧｏＴｏトラベル＝旅行」と見なしている人からすれば、この発言は旅行に対してダメ出ししているとなりますが、私はそういう意図の発言ではなく、あくまでもＧｏＴｏトラベルへのダメ出しと思います。

十一月二十日の東京都医師会会長の発言は、私（運輸・観光の事業者）からすれば世の中の実情を踏まえない机上論から来た見解であり合理性に乏しいものと言わざるを得ません。

「全国でのＧｏＴｏトラベルが無理なら北海道とか東京とかちょっと考えていただけないか」という件《くだ》りですが、これがＧｏＴｏトラベルから感染拡大地域である北海道や東京を外せ、という趣旨であれば、同氏は（2）（4）のどちらか、もしくは（2）か（4）かのどちらか一方をＧｏＴｏトラベルの対象からはずすことを提案しているかで、その提案の合理性は大きく変わります。（4）にダメ出しすることはそれなりに説得力がありますが、（2）については議論が分かれるところです。

ただ、私からすれば、「ＧｏＴｏトラベル＝旅行・観光」でないため、税金まで投入して、旅行者数を増す、感染拡大のリスクを拡大する、という施策は国民のマジョリティーから支持を受けないことは明らかです。問題は、同氏がＧｏＴｏトラベルの全国的な中断を求めながら妥協案的に「近場のところ」すなわち域内の旅行（Ａ）とか、さらにはＧｏＴｏトラベルでの助成を是としている点が、全く合理性を欠いた指摘であることです。

東京、千葉、神奈川、埼玉の人が近場に旅行や行楽に行くということは、感染拡大地域内の人が感染拡大地域へ外出すること、しかも不要不急な移動を行なうことであり、さらにはそれに税金を使うということでもあるので、誰が見ても賛同はしないと思います。

「あまり遠くに行かない」との発言は、逆に東京の人が鹿児島に行かないという発言を東京の感染拡大防止の観点から、東京都の医療関係者が発言するのは、いかなるロジックなのか、はなはだ不思議であります。

繰り返しになりますが、（2）（4）については「ダメ」出しされてもしょうがないです。しかし、「GoToトラベル＝旅行・観光」ではないのに、（2）＝（1）だから、そして（2）はダメだから当然（1）もダメという論理で、大都会（大マーケット）から一人も地方の観光地に行くなという意見は、それで不条理な損害を被る当事者からすれば納得いくはずがないのです。

そして、政府のそれまでの方針を大きく変えるきっかけになったのが十一月二十日の分科会からの提言でした。

「GoToトラベルが感染拡大の主要な要因であるとのエビデンスは現在のところ

存在しない」としながらも、ＧｏＴｏトラベルの運用見直しを提言しています。その中で、全国一律の見直しでなく、ステージⅢ相当の問題都道府県の除外を提言し、（２）（４）の中断を求めています。

私の視点からすれば（１）（３）については一切言及がなされていません。ＧｏＴｏトラベル＝旅行・観光の解釈を分科会が採用していたとしても、ステージⅡになったらＧｏＴｏトラベルを再開してもいいと提言しており、（３）はダメと言っているように思いますが、（１）はダメとは言っていません。

狼少年状態での負の悪循環

以上、ある意味、観光・運輸・飲食を生業にしている人ではない一般の人にとってはどうでもいいことのように聞こえるかもしれませんが、**私たちにとっては、この一般の人々から見てどうでもいいことが死活問題となる**のです。

そして、一般の人々がどうでもいいことと思うのは、私たちにとって我慢せざるを得ませんが、**医療関係者や分科会や国や都道府県知事が、この点について事情を**

仔細に把握したうえで、発言や政策決定を行なってもらわないと困るのです。

さらには、世論や世論によって左右される政治のことを勘案すれば、マスコミや評論家・専門家なる人々も、その辺のところに正しい理性と感性を持って、自分の言動を判断してほしいと思います。連休の時に、首都圏の人々が首都圏の近場の観光地や行楽地に出かけ、密になっている映像を流してGoToトラベル自体問題施策で、それを実施している政権は「けしからない」的なプロパガンダ報道を行なって、(4)も(D)もダメ、さらには(C)もダメ、そして(3)は当然ダメ、という印象操作を国民に対して安易に行なうことはやめてほしいと切に思います。

立場の違いで、いろいろな意見があることは甘受します。税金を使って行なうGoToトラベル、GoToイートについて(B)も(2)も(D)も(4)も、全部ダメと言われても甘受します。

しかし、(C)(1)(3)について、感染拡大や医療崩壊や社会崩壊のリスクとの因果関係について、科学的かつ合理的な説明が為されて、初めて、その政策で損害を被る人々の納得が得られるはずです。国や都道府県知事のみならず、分科会の専門家の皆さんも医師会会長他医療関係者も、そしてマスコミ界も、その説明責任を果たしているセクターの人は、私から見れば誰一人もいないのです。

この一四カ月、三回の緊急事態宣言とその間で為された第二波対策、第三波対策、第四波対策、そのすべてで「県境を越えて移動するな」という御沙汰《おさた》が数回にわたって断続的に為されました。私の立場で象徴的に言えば「東京に行くのを自粛しろ」と「鹿児島へ旅行に行くのを自粛しろ」の二種類です。「鹿児島に来ないでください」という発言も一回はあったかもしれません。

私の個人的な立場で言えば「自粛しろ」と言われても、首都東京に出張をしないでと言われても、職責が果たせませんので、必要最低限に止めて、月に一回、二回は行きました。国が、東京都が、都民の人々に「鹿児島への旅行を自粛しろ」と言っているると解釈しなければならない状況の時は、本当に大変でしたし先行き不安でした。

いろいろな状況がありましたが、東京に三回目の緊急事態宣言が発出されて、またまた東京都民は「鹿児島への旅行を自粛しろ」と国および東京都から言われているのだと解釈しないといけない。

そうだとしたら、そろそろ、その根拠、**とくに感染拡大との因果関係**（変異ウイルスの拡散ではなく）**や、それによる鹿児島の運輸を含む観光関連事業の損害についての補償、等々について説明をしてもらわないといけないと思います。**

今の日本、いつから理不尽な政策がまかり通る国になってしまったのかと思います。**それもなく生殺し、泣き寝入りを強いるつもりなのでしょうか。**

第四波といわれる感染拡大が限界を超えて、現在、緊急事態宣言が発出されてしまいました。しかも、その国民や社会への抑制や制限の内容は私からすれば異常で度を超したものでした。

主因が、いつの間にか変異株ということになり、一回目の時と同様に社会がヒステリー状態になっていると形容してもいいぐらいです。立場上、恐怖心をあおっている人々も少なくありません。

正確に言うと、感染拡大地域の知事さん、感染症対策担当の政治家と官僚と分科会所属の専門家、マスコミおよび関係のコメンテーター等の方が、社会をヒステリー状態にしています。逆に、日本国民は意外と冷静というより、現実的かつ自己判断主義的に対応しています。皮肉なもので、思惑通りに国民が移動を自粛し行動を制限することを判断しないため、そういう立場にある方々は変異株を強調して人々の恐怖心をあおり、一線を越えて抑制・制限を強化していきます。

しかし、私に言わせれば、すでに「狼少年」状態になっている現時点で、「狼」が来ようと「虎」が来ようと何が来ようと、その情報を全面的に信頼して、自分の行動を決めていないのですから言うことを聞きません。この負の悪循環に陥ってしまっています。

私にとって最悪なのは、全国知事会が、またまた「県境を越えての移動の自粛要請」を国民に出すよう政府に要望したことです。

質問状——2

移動抑制で封じ込めるのは戦略的に無理がある

この本が世に出るのは、早くても七月と出版社から言われています。私の予想は（これは当たってほしくないのですが）三回目の緊急事態宣言で第四波は収束できず、第五波騒動が起こっている可能性がきわめて高いと思います。

根拠は、一回目の緊急事態宣言で終息できなかったオリジナルの新型コロナウイルスよりも感染力が強い変異株が一回目よりも、気持ち程度に内容を強化した移動抑制と行動制限とで封じ込めるはずがないからです。このことは「エビデンス」を示さなくても、ご理解いただけると思います。

あえて「エビデンス」として言及すれば、オリジナルの感染力を通常の環境での実効再生産数として一とすれば、前回の都市封鎖による移動抑制がマイナス七〇パーセントとした場合（八割おじさんこと西浦先生が一回目の失敗は移動抑制が八割いかなかったためだと発言されていたので、とりあえず七〇パーセントだったと仮定します）、一回目は都市封鎖で実効再生産数を〇・三まで下げたことになりますが、結果、終息するところまでウイルスを封じ込めることはできませんでした。

したがって、変異株はオリジナルの一・八倍ぐらいの感染力があると仄聞しますので、単純に、今回の移動抑制が八割可能となったとしても、一・八×〇・二＝〇・三六となり、〇・三より大きな数字となります。

つまり、〇・三で失敗した対応方法を同一の方法論で、ただ強化もしくは強力にしても、相手がさらに強力になっているのであれば同じ失敗を繰り返すだけです。

それ以上に、発症者の数十倍の無症状感染者がいる感染症を移動抑制で封じ込めようとするところに戦略的に無理があります。

しかも、この方法論は日本人の同調性の高さに依存している施策であるにもかかわらず、**「狼少年」状態を払拭する努力もせずに、また同調性を前提にして、より良き結果を求めることは賢明ではない**ことは明らかです。

四枚の公開質問状に込めた思い

いずれにしても、第四波対策が始まりましたが、それは戦略転換がなされず、同一の方法論をただ強化しただけのものでした。

余談ですが、ワクチン・ゲームチェンジャー論も現在疑問が投げかけられるようになりました。理由は、ワクチン先進国で接種率が思惑通りに上昇しなくなっているからです。

現在接種率五〇パーセント程度で足踏み状態と仄聞しています。接種を望まない人の理由の合理性や、その判断に対する社会に対する責任論とは関係なく、ワクチン接種を強要することはできません。

集団免疫は七〇パーセントで達成されると理解していますが、その水準に到達するのか疑問が出てきています。（そのためか、米国は十六歳以上から十二歳以上までにワクチン接種対象者を拡大しようとしていますが、公衆衛生の理念に照らして、それは正しいことなのでしょうか）

第二のポイントは、変異株の感染力の増加です。

変異株は従来のウイルスの一・八倍の感染力と言われていますが、七〇パーセントの接種率で達成できる集団免疫が、変異株の場合は九〇パーセント以上の接種率になるのではないかと思われます。

この九〇パーセント以上にリアリティーがあるのでしょうか。

私は、観光・運輸・飲食事業を営むグループのＣＥＯとして、ワクチンによる収束の可能性を過大に高いものとしての前提で、経営戦略を立てるつもりは、今のところありません。

実は、第四波騒動が始まる前、第三波騒動でＧｏＴｏトラベルが中断になった頃、私は小池都知事と日本医師会会長と東京都医師会会長と内閣官房新型コロナウイルス感染症対策推進室に公開質問状を出そうと考えていました。

正確に言えば「出そうかなぁ」、いや「出さなきゃいけない」と考えていました。

それから、あっという間に第四波騒動になってしまったため、前提条件が大きく変わり、質問状の出状についてはさらに慎重な検討と勇気ある判断が必要となっています。

出すか出さないかは別にして、次ページ以降に公開質問状の案を記載しておきました。

本書で、読者の皆さんに、私が理解してもらいたいことがよりわかりやすくなると思います。

では、感染拡大に及ぼす悪影響の程度は大きく異なると考えます。

あくまでも私見でありますが、感染拡大地域の人間に対する外出自粛に感染レベルの低い地方への旅行を含めることに合理的理由がないと思いますが、貴殿の見解はいかがでしょうか。

◎公開質問状 ①

日本医師会会長　殿

公開質問状

貴殿は、2020年11月18日の記者会見で、「GoToトラベルが第三波の感染者拡大のきっかけになった」と発言されていますが、第四波のきっかけの中に、旅行・観光もあるとお考えでしょうか。また、この一連の発言は、GoToトラベルと旅行とを同一視されておっしゃったのでしょうか。

また、例えば、東京の住民が近場、即ち地域内での外出的な旅行・行楽に行く時の感染者数増加と、東京の住民が感染レベルⅡ程度の地方に行く旅行での感染者数増加とが、同じ実効再生産数でのシミュレーションとなるとお考えでしょうか。

小職のような免疫学等の医学的知識のない人間でも、東京の住民が首都及び三県の地域内で、箱根等の近場の観光地に旅行・行楽に行った場合と、鹿児島や宮崎等の地方の観光地に旅行にした場合

（3）小職の見解では、東京・神奈川・千葉・埼玉の首都圏で近場の旅行・行楽について、GoToトラベルを行なう方が、感染者数がより増加して、首都圏におけるエピデミックはより悪化すると考えます。逆に、大都市部の住民が地方の旅行者となることは、大都市部の感染拡大状況の悪化と因果関係は薄いと思われますが、貴殿のご見解はいかがでしょうか。
（4）第三波の後、結果的には、第四波となり、一年の長期でみれば大都市部では感染者数は増加の一途をたどっています。現時点において、第三波の主因がGoToトラベルで誘発された旅行であった、とお考えでしょうか。
そういう前提で言えば、第四波も、旅行が原因の一つとお考えなのでしょうか。それとも、変異株等の別のものが原因とお考えでしょうか。
（5）以上の事情を含め、東京等、緊急事態宣言等の強い感染防止策の対策が講じられている大都市部からステージⅡの地方に旅行することも自粛の対象とするべき、とお考えでしょうか。あくまでも、東京における感染拡大防止及び医療崩壊防止の視点からのみ、お答え下さい。

◎公開質問状②

東京都医師会会長　殿

公開質問状

貴殿の2020年11月20日の発言について、下記の質問を申し上げますので、御回答賜れば、幸甚に存じます。

（1）貴殿は、前述の日の記者会見で、「東京都がGoToトラベルの対象となった2週間後から全国で新規感染者数が増加しているように見える」とし、つまり、GoToトラベルと感染拡大に関しては何らかの因果関係があるとして、GoToトラベルの中断を提案されました。貴殿におかれては、GoToトラベルと感染拡大との因果関係と、旅行と感染拡大との因果関係とは同義である、とお考えでしょうか。

（2）また貴殿は、全面的にGoToトラベルを中断出来ないなら近場でGoToトラベルを行ない、遠くまで行かない方が感染拡大防止に効果がある旨の発言をされていますが、その旨の発言であったと理解してよろしいでしょうか。

おります。

　このように、小職は、私人即ち私企業の経営者としては観光・運輸事業に深く関わる一方、公的役職においても地域の観光及び運輸産業の有り様に然るべき責任を負っていると強く自覚している者であります。

　正直なところ、新型コロナウイルスのパンデミックに関して言えば、日本式ロックダウンにより、遅くとも2020年の夏までには終息すると考えていましたが、小職の予見は大きく外れ、新型コロナウイルスとの戦いは既に十五カ月目に入ってしまいました。状況として、経済全般は、ほぼパンデミック前と同水準まで回復したと思える経済指標が2021年1月～3月の四半期では発表されています。

　但し、その例外が、観光・運輸・飲食であり、この分野での事業者は、長期に亘る移動抑制と行動制限の強い副反応のため、業績は著しく悪く、倒産・廃業の危機に晒されている事業者も少なくはありません。

　現時点において、東京を含む首都圏及び大阪府・兵庫県等の大都市部においては、日本式都市封鎖の状況にあり、かつ先行きも楽観視できるもので

◎公開質問状 ③ -1

小池百合子東京都知事　殿

公開質問状

新型コロナウイルス感染拡大防止のための御努力とその帰結としての一日も早い健全な社会環境回復のため、昼夜を舎《お》かず、都知事としての職責の全うに粉骨砕身されています貴殿に、心より敬意を表するものであります。

小職は、鹿児島でホテル・ゴルフ場等の観光事業及びバス・旅客船・レンタカー等の運輸事業を中核事業とする企業体岩崎グループの代表取締役社長を務める一方、鹿児島商工会議所会頭、鹿児島県バス協会会長、鹿児島県観光連盟副会長、鹿児島コンベンション協会副理事長、鹿児島県旅客船協会理事の職責も掌《つかさど》っております。また、日本ホテル協会の九州支部長であり、九州観光推進機構の理事と九州商工会議所連合会観光委員会の委員長の任にもあります。日本バス協会、日本旅客船協会、日本ホテル協会の理事でもあります。そして日本商工会議所観光専門委員会にも属してそれによる地方の観光・運輸・飲食の事業者の損害について、私たち事業者はどう考えて、どう対処すべきとお考えですか。

ちなみに、小職は、GoToトラベルの是非のためにこの質問を申し上げておりません。

ここで言及している都民の地方への旅行は、あくまでも旅行する人が自費で旅行することを前提としています。そして、この旅行の中には、地方から東京に出てきて、現在東京で働いている人が郷土に帰る「帰省」も含んでいるとご理解ください。

また、受け側の県の県民の反応及び国としての感染拡散（特に変異ウイルス）への懸念に関する視点での考慮は、敢えて除外して回答いただければ幸甚です。感染拡大地域からの旅行者を歓迎するのかは受け入れる県及び県民の問題であり、加えて、受け入れ県においては地域の分断の問題となる難しい側面があることも承知しています。大都市部の感染者数が多い地域から地方への感染拡散をどう防止するかは国の責任で行なうものであると考えていますので、「都民ファースト」を政治的信条とされている都知事におかれましては、この点について、ご配慮されぬように、敢えて、お願い申し上げます。

◎公開質問状 ③ -2

はありません。

この状況を前提として、私企業の経営者として、地方の観光・運輸・飲食産業に公的立場にある者として、今後の方針決定や経営判断をするために、都知事である貴職に対して、お考えを御開示していただきたき事がありますので、茲許《ここもと》、同質問状を送付させていただきました。

甚だ無礼かつ不躾とは存じましたが、地方で観光・運輸・飲食業を営む人々にとり、是非とも、この質問に記載されている疑問につき貴職見解を知る事は、生殺与奪の問題と言っても過言ではありません。よって、何卒、このような事情を御理解賜りまして下記の質問に御回答賜りますれば、幸甚に存じます。

（1）東京都は、この14カ月間、数回、数カ月に亘り、都民に対して、「外出の自粛の要請」をされましたが、この「外出」に関して、例えば都民が羽田空港へ行き飛行機で鹿児島に旅行に行くことも、都民の「外出」と見做し、自粛要請の対象とされているのでしょうか。

（2）仮に、都民の地方（感染拡大がステージⅡ以下の地域）への旅行も自粛対象とされているのであれば、その理由は如何なるものでしょうか。

（3）地方への旅行を自粛の対象とした場合に、

と「山野に出たりして、遊び楽しむこと」と記述されています。貴室通達における行楽を主目的とする宿泊とは観光に係わる宿泊ということでしょうか。

質問2　　その後、緊急事態宣言は2回かつ発出地域が特定されて発出されています。この変更後の基本方針は今までも堅持されているのでしょうか。

質問3　例えば、感染拡大地域より、自己防衛を目的に感染の危険が小さな地方に一時的に疎開されようとする高齢者のニーズに対応する宿泊事業も事業継続が求められない事業となるのでしょうか。

同じく、湯治や療養、静養や保養などを目的とする宿泊に係わる事業は、どう判別すればよろしいのでしょうか。

質問4　「不要不急」の判断基準についてですが、行楽は「不要不急」であると政府として判断されていますが、質問3に記述したような目的の旅行については「不要不急」とするべきという考えが政府の公式見解と了解してよろしいでしょうか。

◎公開質問状 ④

新型コロナウイルス感染症対策推進室長　殿

公開質問状

貴殿の前任者は、2020年4月23日に都道府県知事及び国土交通省、厚生労働省等関係各省庁に「留意すべき事項等」の掲題の文書をもって、2020年3月28日に決定し、関係者に伝達された「新型コロナウイルス感染症対策の基本方針」について一部内容変更の伝達をされました。その中で、緊急事態宣言時に事業継続が求められる事業者である「ホテル宿泊」について、「行楽を主目的とする宿泊に係る事業」を除外されました。

この件につき、下記について、宿泊に係る事業者として今後の経営判断を行なうために、貴対策推進室の見解を確認したく、下記質問を行なうものであります。

ご回答の程よろしくお願い致します。

質問1　行楽とはどういう行為として定義すればよろしいでしょうか。ちなみに、大辞林による

東京オリンピック開催は誰のためか？——3

地方から見た、中央の詭弁

東京オリンピック・パラリンピック、この二つの国際的なイベントの日本における意義について、批判を受けることを覚悟し、あえて、地方の人間の視点から本音を述べます。

とはいえ、私と同じように直覚している地方の人間は多いとは言いませんが、少なくもないはずと思います。

そもそも、二〇二〇年に本国で二回目のオリンピックを開催する必然性に関して、私は懐疑的でした。二回目となる東京オリンピックの開催は日本にとり歓迎すべきことである、と国民に受け入れられたように思えますが、それは、当初、開催国が負担すべき開催コストは、二回目であることから**開催のあり方をコンパクトにし、それを極端に抑えるという前提条件があったから**です。

ですが、いつの間にか忘却されてしまい、二〇一六年時点ですら、当初予算の三〇〇〇億円から約六倍の二兆円となり、一国民として、騙《だま》されたとまでは言いませんが、明らかに話が違うと思っていました。私と同様に感じていた人も多いと思います。

次に、**景気経済効果**です。一九六四年の一回目は、戦後の復興の中で開催するために、新幹線や高速道路の整備といったインフラ整備をし、敗戦によるショックで自信喪失していた日本人を奮起させ、結果として日本の国威を発揚すると共に、焼土となったこの国の復興を加速度的に実現した結果からすれば、東京オリンピックの成功は本当に素晴らしいものでした。高速道路・新幹線・カラーテレビ放送などなど多くのインフラがこの時、整備されました。

この成功体験のために、間違いなく「二匹目のどじょう」がいると考えた日本人が多いと思います。しかし、まず、東北の大震災から復興した日本をアピールするという趣旨だけでは経済効果とコストとのアンバランスが大きすぎて私には説得力を持ちえず、事実、そういう趣旨は後付けでした。

二十一世紀の日本国において、経済発展・経済効果を期待するための東京オリンピックの開催という論理に、開催決定時から私はかなり否定的でした。仮に東京オリンピックによる経済効果があるとすれば、それは諸外国の人々が訪日し、日本の良さを体験した人々がまたリピーターになり再来日する、という経済効果があるぐらいのかなり苦しい理由付けしか思いつかないからです。

しかも、開催決定の当初は開催都市以外には会場はないという前提であり（現時点では変わりましたが）、観客も東京にしか行かない、という限定的な移動となることから、とくに地方から見れば、いったいどういう論理展開で東京でのイベントが日本全体への経済効果となるのでしょうか。地方から見れば中央の詭弁《きべん》としか思えませんでした。

一九六四年の東京オリンピックの当時、私は小学生の高学年でした。クーベルタン男爵という人物の存在、彼の近代オリンピックにおいては「参加することに意義がある」との高尚な思想等、オリンピックとはどういうものなのかを習いました。子供心に「オリンピックとはそういうものだ」と信じていました。

しかし、今では多くの方々が認識しているように、一九八四年ロサンゼルス大会以降、崇高で理念に基づくこのイベントは、商業主義、金まみれのイベントに堕《だ》しました。「参加することに意義がある」という時代のオリンピックにノスタルジーを感じる私としては、今の商業主義的オリンピックに対して、はたして巨額の金を投下してまで開催する価値があるものなのか、という感覚はぬぐい切れません。

また、金メダルの数やメダルの総数で国威・国力を示す、といったメダル獲得合戦がいまだに続いていることにも疑問を感じます。たとえば、その誘惑に溺れたロシアは手段を選ばずに国を挙げてのドーピングに至ったという側面が国際的な問題になっているにもかかわらず、オリンピックに国家の国威発揚を期待し続けていることは、私の感性からすれば摩訶不思議です。

太平洋戦争により幻となった一九四〇年の東京オリンピックは、開催されていれば大日本帝国の国威発揚としてだけ利用されていたことでしょう。実際、その四年前の大会である一九三六年のベルリン大会で開会宣言をしたのは、狂気の指導者アドルフ・ヒトラーであり、ナチスドイツとしての国威発揚の場として利用されました。また記憶に新しい北京オリンピックも中国共産党としての国威発揚のオリンピックとなりました。

スタイルこそ戦前と違いますが本質的には、開催国としての企図は戦前と変わっていません。

無論、コンパクトな大会として日本に誘致してきたのですから、開催する以上は、コストパフォーマンスを意識して、その恩恵・効果は、東京限定とせずに地方も何らかの形で享受するように行なわれてほしいと願っていました。

本州最南端の地であり距離的なハンディがあるものの、鹿児島を郷土とする私としても、どうにか鹿児島にもメリットを取り込みたいと、大会前の合宿の誘致など、オリンピック効果を受益するために試行錯誤し活動しました。もちろん延期決定前の話です。

延期、そして決定してからの混乱状態が物語ること

さて、二〇二〇年二月三日のクルーズ船ダイヤモンド・プリンセス号の横浜寄港から今日までさまざまな事象が発生してきました。日本は、欧米各国や中国のような、ロックアウトという強硬手段を採用できない政治体制下にあるものの、大規模な人の動きを止めないと新型コロナウイルスの感染は拡大します。

そこで、二〇二〇年四月七日に東京・大阪等の七都道府県に、同月十六日には全国に拡大しての緊急事態宣言の発出という対策を講じました。このタイミングについては、マスコミや医療関係者等、多くの人々から、タイミングが遅かった、という評価が下されました。

宣言が発出されるまでの間、東京オリンピックをどうするのかということで、国民もマスコミ報道等を通して相応の内情を知らされている中で、誰が何を基準に開催の是非を判断するのかが曖昧模糊《あいまいもこ》としていた最中、唐突に延期の発表がなされました。

そして、その直後から、新型コロナウイルスが大変だと全国的に騒ぎはじめ、人

の移動を封じ込めるべく緊急事態宣言が発出されるという顛末《てんまつ》となりました。

発出に至るまでの内情は存じ上げませんが、あえて言いたいと思います。

オリンピックの中止・延期という、国民、国家に大きなインパクトを与える国家レベルの判断が、このようにぎりぎりのタイミングで決定されることについて、軽重はあれども日々決断、時に英断を迫られている経営者の私としては、どうして、もっと前広に判断し、アナウンスできなかったのかと憤りを感じます。

そして、適正なタイミングで判断を下さなければならないはずの機関（IOCやJOC等）は、（厳しい物言いとなりますが）義務を忘れた傍観者を装い、内情は責任のなすりあいとお金に関わる駆け引きに終始していたと言わざるを得ません。

そして、その決断は少し遅く、そのために我が国の新型コロナウイルスの感染拡大防止対策は後手に回りました。

加えて、少なくとも中止という選択肢は絶対有り得なかったはずで、明らかにかなり前から延期が最も合理的であったはずですが、マスコミは、無責任にも中止か開催かの二者択一として報道し、その中で、中止、中止と騒いで国民をあおりました。

「何が何でも開催」という一念にかられたJOC関係者や東京都の関係者は、新型コロナウイルスが感染拡大などしていないかのように、東京における感染状況の情報発信を意図的にコントロールし続け、安全な都市 東京をアピールし、差し迫っている感染拡大リスクの存在を隠蔽しました。

そして、**延期が決定されたとたん、「東京は感染が拡大しつつある」「コロナは恐ろしい」「コロナに気をつけて」と翻意し注意喚起を始めました。**

オリンピックの経済的なメカニズム上、IOCは世界中の欧米を中心としたメディア会社から一兆円近い収入を放映権で得ているため、中止にすれば返金しなければなりません。加えて莫大な違約金も発生することを考え合わせれば、IOCとしては中止という選択肢は絶対にありません。

それにもかかわらず、ひたすら中止を叫び続けた新聞・マスコミの姿勢には呆れ返るばかりです。日本から中止を決定すれば日本が違約金などを負担することとなる、つまり中止は国益に反することを十分に承知であったはずなのですから。

ＪＯＣと東京都は無観客でも開催すると決意を示し、ＩＯＣを揺さぶることもせず、入場料欲しさに無観客カードをその後も長く切ることをしませんでした。

また、内情は不詳ですが、延期の決定直後、新型コロナウイルスの感染対策として、段階を踏まずに、いきなり我が国としては最終手段となる緊急事態宣言の発出に至ったということは、理性的に考えれば、予定通りの開催という選択肢は延期が発表される二、三週間ないしは一カ月くらい前にはすでになかったはずと思います。

延期という落としどころに至るまでの混迷、そして決定してからの混乱状態を観察しますと、本当にそこに国家としてのマネジメントが存在して機能していたのでしょうか。

意思のある形でこれをどう解決していくかという責任感があったのであれば（決して結果論としてではなく）、もっと上手なやり方があったはずです。

もし企業において、このような為体《ていたらく》のマネジメントをしていたら倒産は免れません。

閑話休題　米国新聞コラムへの意見

結局、大局を見据えたプロセスを踏めなかったがゆえに、国と東京都とのギャップが生まれ、国家の意思決定レベルである緊急事態宣言の発出の是非が、茶の間の話題レベルに堕し、国民の関心事となってしまいました。

二回目の緊急事態宣言発出の背景も、逆の二番煎じの茶番になった意味で、国と東京都との両者は、学習ということを知らないのでしょうか。

右記草稿後、オリンピックがらみの状況は、次から次に変わっていきました。

特記すべきは「ワシントンポスト」が「東京オリンピックは中止すべき」というコラムを掲載したことです。まさにＩＯＣの商業拝金主義も批判しました。

本題とは少し論点が異なるので、書くか書くまいか迷っていましたが、この「ワシントンポスト」のコラムに関係してやはり書いておいたほうがいいと思ったので書いておきます。

このコラムで「膨大なコロナ対策費が今後かさむとの見通しを説明。国外からの観客を受け入れず、観光収入も見込めないとした」とあります。

一　地方において、この状況の中でも、インバウンド対策の予算を計上する愚かな自治体がそこそこあります。実に腹立たしい限りです。三年間はインバウンドなしで、この国の観光産業の戦略は立案されるべきです。

二　インバウンドがなくなっても日本の観光産業は実際困りません。なぜなら二〇二〇年で二〇〇〇万人の日本人が海外へ出国していました。ビジネス客を二五パーセントとしても一五〇〇万人もの人数です。それが今はゼロに近い状態にあります。インバウンドの話をする愚者に対して、私は「インバウンドとアウトバウンドはトレードオフの関係で、今は、日本の観光業にとっては、どうやって良質な『日本人観光客』で良質なビジネスモデルを構築するかのほうが大切だ」と申し上げています。

三　残念ながら、良質な日本人観光客は、比較的安全な日本国内の旅行さえ禁じられている実情があります。

四　ハワイやヨーロッパやニューヨークや東南アジアに出かけていく日本人観光客が、海外でいくらのお金を使うかを考えれば、彼らが海外旅行に行けない環境は、すべてが良質とはいえない外国人観光客が、日本に観光旅行に来られない環境を前提としても、見方によれば、日本の観光産業者からすれば新しいビジネスモデルを考えるいいチャンスでもあると思います。

五　もともと、東京オリンピックの外国人の観客で受けられる経済効果は、JOCと東京都および首都圏の事業者に限定されており、私などは無観客が当然と二〇二〇年三月ぐらいから思っていました。

六　私が一番恐れることは、国内での旅行に抑制をかけていながら、日本人の海外旅行を緩和することです。この国の官僚だったらやりかねないので怖いと感じています。

七　私の娘がハワイに住んでいますが、ハワイは観光産業で成り立っている州なので大変なようです。米国は州単位で法律対応ができますので、ＰＣＲ検査陰性であれば二週間隔離なしで入国できます。日本人がハワイに行かないのは、日本政府が帰国して二週間隔離を求めるからです。ハワイ州政府は日本人に早くたくさん来てほしいと思っています。今のハワイは米国本土のニューヨークなどの大都市から富裕層が相当数来ています。

八　日本人全員敵にまわしても、あえてここで述べておきます。

旅行をこのまま新型コロナウイルスが感染拡大する反社会的行為とするのであれば、後三年間は外国人観光客も日本に入れなくてもいいです。その代わり、三年間はすべての日本人に海外への観光旅行を禁じていただきたいと思います。

オリンピック開催も、インバウンド客の誘致も、目的ではなく国の地域の発展の

ための方法論です。なぜか、この国では本末転倒がすぐに起こります。

またもやトバッチリを食う、地方の観光・運輸・飲食

小池都知事が一回目の緊急事態宣言を出せ出せ、と都民のみならず国民を巻き込むように声を上げ続け、国も右顧左眄《うこさべん》し、全国に発出するというタイミングではない状況下で、非常に変則的な形で、首都圏と大阪を含む七都府県だけに緊急事態宣言が発出されました。

そしてGWを控えたタイミングで、今度は全国に拡大し、国民に「県境を越えて移動するな」と移動制限を課した点においては、まるで江戸時代に逆行する様相となりました。

日本は、欧米とは異なり憲法違反の法律を制定できないため、新型インフルエンザ等対策特別措置法を改正する形式で対応した結果、強制力のない法律が施行されました。その施行にあたって、国や自治体は国民に対して必要十分な情報を細かく

かつ正確に伝えるという説明責任を果たしたとは言えません。

マスコミも国民の恐怖心をあおったばかりでなく、日本人の美徳である同調性が過度に発動するように仕向けました。

このマスコミのスタンスは、戦後は思考停止型の平和主義に徹していますが、戦時中の、日本人の同調圧力を利用し軍部と一緒になり戦争をあおったイメージと重なり、不快な気分になります。

しかも、**この同調性は真の意味である自発的・自律的な同調ではなく、他動的な圧力に変容した側面もありました。**

ですから、自分自身の行動に対してではなく、県外ナンバーの車に石を投げる等のただ他人に対して過激に行動を抑圧・抑制するといった自粛警察などの蒙昧《もうまい》な集団を生み出しました。

このような日本社会の性質は、戦前と変わっていないのではないだろうか、という危惧を抱いてしまいました。

二〇二〇年十一月頃の起稿から時間が経過して、オリンピック開催についての環境は大きく変わり、状況は最悪といえる状態です。

第四波騒動、変異株騒動などで、目下、大都市中心にかなりの地域で緊急事態宣言、または、まん延防止等重点措置が発出されています。

皮肉なもので、**第四波、変異株対応のため、人々の我慢の限界を超えた移動抑制と行動制限を正当化するため、**国や東京都などの自治体は、国民、都民の恐怖心をさらにあおりました。**「正しく恐れろ」から「ともかく恐怖しろ」に変わった感じがします。**

私見としては、中止せざるを得ないと思います。私の知人によれば、小池都知事の種々の発言は中止に向けての責任回避のパフォーマンスだとのことです。実際、国と小池都知事との前哨戦が始まっている様相であり、この件については、マスコミ関係者の無責任を強く感じます。

「バッハＩＯＣ会長が五月十六日に来日するが、五月十一日までの緊急事態宣言の延長はあるのか……。そして、オリンピックは開催か中止か……」

まるで傍観者のようです。

中止にしたら日本はいくらの違約金を払うのか払わなくていいのか。どうすれば国益を損なわなくてすむのか。

多額の税金が投入されているのにもかかわらず、ＩＯＣとの契約条件については、政府・ＩＯＣ・東京都のいずれかからも国民に対して説明責任が為されていません。

このような時こそ、国民を代表してお得意の「国民の知る権利」カードを切るべきだと思うのですが。

いずれにしても、また地方の観光・運輸・飲食は、二回目の東京オリンピック（未開催だった戦前を入れると三回目）による、トバッチリを食っています。

第２章

「命か経済か」の理不尽

～国のあり方～

経済とは何か——1

思考を制約され、行動まで制約されている危険性

今回新型コロナウイルスのために、世界中が大きなダメージを受け、そのダメージは経済面でのダメージがより深刻と私は考えます。このような捉え方をすると「命」より「経済」が大切かと誹《そし》られますが、この**二者択一的な命題をもって、経済活動というより、人々が生活する社会環境を一方的に抑圧、抑制することを正当化する風潮は、ある種の全体主義の出現を感じます。**

とくに、為政者が安易に悪用することは、戦前戦中の軍国主義を彷彿とさせて不安になります。コーポラティズム[※1]的思想洗脳を使い、情報統制と情報操作による集産主義的経済[※2]（コレクティビズム）の是認は大本営発表という情報統制と「欲しがりません、

※1　**コーポラティズム**　国家が職能代表や利益組織を同調・協力させて政策を決定・執行すること。日本の大政翼賛会はその一例。

勝つまでは」というキャッチフレーズに象徴される戦時体制経済を思い出させます。

さて、ジョージ・オーウェルの『1984年』[※3]という小説の中に「ポスト・トゥルース」[※4]という用語があります。私流に解釈すると、操作された事実のことです。

現代の米国の大手マスコミやSNSがグルとなり「トランプは事実と異なることばかりを発言している」と吹聴しており、どうも、彼らはトランプ就任の時から、この小説の中で描かれている「ディストピア」[※5]における独裁政権ビッグブラザーをトランプになぞらえ、トランプの発言は独裁者による洗脳的であり事実と異なるプロパガンダである、というのが、アンチ・トランプのキャンペーンの底流にある考え方、戦略のように思えます。

また、この小説においては、言語を操作することにより人々の思考も操作する「ディストピア」を舞台にして書かれています。その「ディストピア」で使用される言語として、独裁者によって都合のいいように定義付けられた、人の思考をその枠組みから踏み出ないように封鎖する「ニュースピーク」[※6]という言語体系が認められています。従来の言語である英語は「オールドスピーク」と呼ばれ二〇五〇年に

※2　**コレクティビズム**（114ページ）　効果的な生産と正しい分配とを図るため、土地ならびに生産、交換、分配の手段をすべて公有化することを主張する思想。フランスでは伝統的に集産主義の意味で用いられ、イギリスでは個人主義や自由放任主義に対する社会全体の福祉を重視する考え方の意味で用いられてきた。

は廃止される、との設定でした。

このオーウェルの描いたような、退廃した言語が使われる社会においては政治もまた退廃するものであり、このコロナ禍の世界では、まさに「ニュースピーク」的な言葉が使われ出しており、政治家や官僚や知識層が、そういう言葉で「ポスト・トゥルース」を創り出して、**私たちを思考停止（脳死）に追い込んでいる**のが、今の新型コロナウイルスのパンデミックの状態ではないでしょうか。

「ウィズコロナ」「アフターコロナ」「ニューノーマル」「テレワーク」「ソーシャルディスタンス」「マスク会食」等々、極みは「自粛を要請する」です。


ところで、皆さんは、これらの言葉の一つひとつをよく考えたことはあるでしょうか。「自粛を要請する」とはいったい、どういうことでしょうか。その時点で、思考が完全に操作されていないでしょうか。

「自粛を要請する」とはニュースピークそのものです。オールドスピークで言えば「外出制限を命令する」「営業制限を命令する」という意味での解釈が正しいのではないかと思います。

※３　**1984年**（115ページ）　イギリスの小説家G.オーウェルのディストピアを描いた風刺的未来小説。1949年刊。三超大国が対立する1984年の世界を描く。「偉大な兄弟」という独裁者が君臨するオセアニアにおける主人公の運命を通し、恐るべき未来全体主義への絶望感を表現している。

『1984年』の世界で言えば、我々は次から次に為政者や知識人、マスコミ、コメンテーターという人たちから生み出されるニュースピークによって思考を操作され、そして行動まで制約されている可能性について、客観的な思慮の対象とすべきだと思います。

「命か経済か」的な命題の設定自体が、ナンセンス

私が一番不安になる理由が、比較的、多様な情報も入手可能であり、一人ひとりは教育レベルも高く、賢明であり、また、多数が善意を持って自己の社会的責任を果たそうという意識が他国と比べてきわめて高いにもかかわらず、その結果が、戦前・戦中のように、その逆となってしまうことの背景に日本人の特性や日本の社会構造のマイナスの側面が垣間見られるからです。

日本人の同調性の高さや中央集権官僚国家であることについては、ここで論じませんが、一つだけ言えば、そのような日本という国の特異性がもたらした、「欧米の国々よりも圧倒的に好ましい結果をもって、日本国は優れた国だ」とする考えに

※4　**ポスト・トゥルース**（115ページ）　世論形成において、客観的な事実より、虚偽であっても個人の感情に訴えるものの方が強い影響力を持つ状況。事実を軽視する社会。直訳すると「脱・真実」。

私は同調しません。
いずれにしても、「命か経済か」的な命題の設定自体が、ナンセンスと考えている私は、その視点から価値判断することが正義だと考える人、すなわち経済面でのダメージが喫緊の問題とする私を「守銭奴」と罵る人と議論することは放棄させていただきたいと思います。この国のマネジメントに直接、間接に責任ある人たちは、その辺のことをよく考えて、この国の舵取りをしてほしいと思います。

さて、この「経済」とは何なのか、というところを深く掘り下げると、ダメージとは何か、「深刻」とはどういうことなのか、そして何をしなければならないのかが、それなりに見えてくる一方、それに立場の違いによって当然反論がなされ、いろいろな議論が拡散することになります。

すでにいろいろな論点での議論が拡散し、欧米ほどではありませんが、社会に「分断」[※1]の火種が蒔かれ始めています。それは「経済とは何か」を深く掘り下げていないため、その大切さが社会全体として共有されていないからだと私は思います。

※5　**ディストピア**（115ページ）　反理想郷。暗黒世界。また、そのような世界を描いた作品。
※6　**ニュースピーク**（115ページ）　未来全体主義国家において、政府の思うままに市民を操るために、思考も権力者による思想統制に都合のよいように創作された新言語。イギリスの小説家G.オーウェルの風刺的未来小説『1984年』で登場する。

新型コロナウイルスでの死亡者数をもって、その脅威が語られ、死亡者数および重症者数を減らすことが、緊急かつ最重要課題として認識され、その観点から「医療崩壊」を回避するために実質的には強制的に移動抑制が求められます。これに対して、「経済活動」重視の人で、自死者[※2]の増加をもってコロナ禍の経済面でのダメージの深刻さを説明する人もいます。私は、どちらも、修辞学上のメタファー[※3]としてレトリックを効かせすぎていて、あまり好きではありません。

弁証法上も、たとえば今やっと話題になりだしましたが、「医療崩壊」が起こるかどうかは、第一義的には医療体制の問題であり、当初イタリアやスペインの映像を盛んに流し、国民の不安を必要以上にあおったマスコミや、東京における医療体制の未整備に言及すらせずに重症者用ベッド数の不足や医療従事者不足を強調した東京都医師会会長も、誰かが正しい事実関係を以て反論したら自説に一部欠陥があることを認めざるを得なかったと思います。

経済困窮自死者増加論者も何か死者数を競っているようなところは私的には好みでありません。それ以上に私を含めて、多くの地方の旅館、ホテル、貸切バス会社、お土産屋さん、レストランが倒産して、その経営者が首をくくらないと、政府も、

※1　**分断**（118ページ）　コロナ否認（風邪の一種）とコロナフォビア（恐怖症）、経済優先派と人命優先派、ニューノーマルと反ニューノーマル等の対立軸により、本来一つであった社会が別れ別れになること。

都道府県知事も、マスコミも、そして社会全体も**観光・運輸・飲食という産業の重要性に気づいてもらえない**ようで、弁証法的にもこのアンチテーゼの出し方は、適切とは私としては思えません。

経済とは「国民の生活をどう守るか」

観光・運輸業、大きな意味でそれに入る飲食業が、ダメージが大変大きく、雇用や地域の関連業種など、社会にいろいろな影響を与えており、また、そのために国全体としても、国民経済に対し大ダメージを与えている中、それをカバーするために、各種の施策がなされました。

主に観光や飲食業に対してなされたGoToトラベル、GoToイートという施策は、いろいろと話題になりましたので有名です。

これにスポットを当てて話をすると、新型コロナウイルスと人間社会との関係性、また経済というものが受けたダメージに関して、ダメージの本質は何だったのか。

※2　**自死者**(119ページ)　意思的な死（自殺）を非道徳的・反社会的行為として責めない場合の語。
※3　**メタファー**(119ページ)　隠喩。比喩の一つで、「鉄の心」「金は力だ」のように、「〜のような」にあたる語を用いず、よく似てはいるが別の概念に変えて、その名辞を使う比喩的表現。

そして、それに対する対策の意味を一般の人もわかっていただけると思います。それがいいとか悪いとかの単純な話ではなく、経済が被った悪影響の本質的な意味を見極めるためには、私は一番いいと思いますので、卑見を述べさせていただきます。

まず、簡単に「経済」について私の考えを述べてみます。

物々交換の時代から始まった人類の経済活動は（正確に言うとその以前から在った狩猟、漁撈《ぎょろう》、農耕の生産的活動も含め）、人類の進化と発展に伴い、空間的には地球規模で、国境を越えて、対象としては、**物だけでなく、サービス・情報など無形物も含め**、営まれるようになりました。

そして、もう一つ重要なことは、「信用創造」という概念というか思想が貨幣を生み出し、預金や手形や小切手等の種々の空間を超える信用創造方法が発明され、貨幣は通貨となり、しかも国際的に決済ができる国際通貨が出現し、さらには国際的に電子決済ができるようになり、今まさに電子通貨さえ現れようとしています。すなわち、**経済活動が貨幣経済と同義になった**のです。

したがって、多くの人が、経済イコールお金だと思っていますが、それは正しくありません。現在、経済とはお金の問題として論じられ、金額で表現されますし、そういう意味で、経済問題とはほぼお金の問題です。しかし、**経済とはお金だけでなく他のものに関する活動でもあり、逆にそちらが本質であると考えるべき**です。経済活動は財とサービスと人（雇用等）を対象とした行為であるという基本を忘れてはいけません。

ただ、確かに近年は前述のように信用創造が極まった結果、貨幣経済論が経済を支配していますので、経済イコールお金という考えは大概のケースでは間違ってはいません。お金が経済を支配していることは事実です。コロナ禍でダウが三〇年で最高値をつけたことなどがこのことを物語っています。

日本において「経済」という言葉は「経世済民」「経国済民」という言葉からきています。英語で経済学は、エコノミックス（economics）ということはご存じでしょう。当然エコノミックスはエコノミー（economy）を対象とした学問であることもおわかりと思います。economyを辞書で引きますと、「通例、国家・社会の経済をさすが、時に個人の家計もさす。時に経済の視点から見た国家を比喩的にさす」（『ウィズダム英和辞典』）と書いてあります。これを見て、まず「お金」はどこにも出てきません。この国・社会などの経済状態、富としての経済が今ここで論じられている内容に近いと思います。

日本語に戻ると、「経世済民」とは、世を治め、民の苦しみを救うことと辞書に書いてあります。「経国済民」は国を治め民の生活を安定させること、と書いてあります。

「命」か「経済」か、という命題を、「（命）新型コロナウイルスに罹患して死亡する人の数を最小化すること」と「（経済）民の苦しみを救うこと・民の生活を安定させること」と意訳すれば、どちらのプライオリティが高いでしょうか。

このレトリック的質問が私に問われた時、私の回答は「二者択一」ではありません。経済イコールお金と考えてもいい現代社会では「命」か「経済＝お金」か、という選択として捉えられがちですが、**今の異常なコロナ禍環境においては、経済は国民の生活をどう守るかとイコール**だと私は考えています。

合理性を欠いた次手、改善策が状況を悪化させ、長期化させる

後述しますが、ＧｏＴｏトラベル、ＧｏＴｏイートを行なうべきかどうかの議論がこの一年間いくつかの極面で、世論も巻き込んで為され、その都度、国および都道府県知事によって判断、決定がなされました。いろいろな立場の人々が、それぞれの視点から自己たちの正論を主張しました。その一つひとつは、ある一面のみを見れば正しいことと評価されます。

しかし、**全体から見れば、それは正しいとして、判断、決定の前提として組み込むことが必ずしも正しいとはなりません。**

ミクロの観点からそれぞれ正しいことを独立的にバラバラと主張、実行してもマクロで見て、それが包括的により良い結果をもたらすものではないことは知られています。「合成の誤謬《ごびゅう》※」というものです。ＧｏＴｏトラベルが政治的な判断で前倒しされた時、制度設計が為されていなかったことは述べました。正確に言えば、基本方針さえも十分に論議されていませんでした。そして、ＧｏＴｏトラベルが始まったら、案の定、問題だらけでした。当然、いろいろと批判が出ました。そして、人々

※**合成の誤謬**　ミクロの視点では正しいことでも、それが合成されたマクロの世界では必ずしも意図した結果が生じないことを指す経済学用語。何かの問題解決にあたり、一人ひとりが正しいとされる行動をとった結果、想定とは逆の思わぬ悪い結果を招く事例などを指す。

が右往左往して、「命」派と「経済」派とへの分断が起きました。

合成の誤謬とよく一緒に使われる言葉で、「無謬性の原理」があります。

一般的には、官僚組織などで「ある政策を成功させる責任を負った当事者の組織は、その政策が失敗した時のことを考えることや議論をしてはいけない」という信念（?）と、Googleすると出てきました。その他、「官僚などが打ち出した政策について、責任があるゆえに失敗や政策の変更を議論できないことを無謬性の原則と呼ばれています」「失敗が許されない社会において、一度打ち出した事は、生きているうちは、失敗を認めないこと」などと出てきます。

良きにつけ悪しきにつけ現実社会は「合成の誤謬」と「無謬性の原理」の二つの罠から逃げられないのです。そういう観点で、この一年の新型コロナウイルスのパンデミックに対する世の中の反応・対応について、分析・評価することが、経営者にとっては、このコロナ禍で会社を、廃業倒産させないためのヒントになると考えています。

私は世界中の為政者（日本の政府）を含め、**ほぼすべてが新型コロナウイルスの危**

機の対応で、初期動作を間違ったと思っています。

私的には、それはそれでいいのですが、「無謬性の原理」が作用して、「失敗であったことを認めない」「変更を議論できないこと」になっており、初手の評価をせずに、次手が、善後策が、リカバリーが合理性を欠いた形で実行され、状況を悪化、それ以上に長期化させたほうが問題だと思っています。

多くの人は、忘れていますが、ほとんどすべての先進国で約一年前、一カ月もしくは二カ月、長くても三カ月、ロックダウンをすると、新型コロナウイルスは終息、すなわち封じ込めることができる。だから、すべての国民の皆さんは社会のために、我慢して、甘んじて、この異常な政策を受け入れてくれと言われたはずです。結果はいまだに「終息」していませんし、「収束」さえもおぼつかない状況です。世界中「狼少年」だらけではないでしょうか。

「合成の誤謬」と「無謬性の原理」の弊害

我が国における新型コロナウイルス対策のもたらした結果およびその評価についい

て言えば、「合成の誤謬」と「無謬性の原理」の弊害が大きく悪影響を及ぼしていると考えます。

ＧｏＴｏトラベル、ＧｏＴｏイートは政策としては良策でしたが「合成の誤謬」「無謬性の原理」により、正しく施策として実行できませんでした。そして、それを考慮して、**改めて修正が施されて、より良い形の施策に改善がなされませんでした**。それも「合成の誤謬」と「無謬性の原理」のせいでした。ですから間違った評価を受け誤解され、歪んだ反応が発生した結果、悪循環に陥ったことは否めません。

この結果、一例として、しかし、最も本質を暴く問題として、観光や旅行や外食は反社会的行為と世間一般から思われ、大変困難な状況になってしまいました。ですから深刻ですし、経済のダメージについて定性的な考察がないまま、経済対策や支援がなされてしまっています。

可謬主義——2

誤りを認める賢さ

現代は、高度に官僚制が発達し、かつ高度にマスコミが発達したため、いわゆる無謬性の原理にあらゆるカテゴリーの人が囚《とら》われています。官僚、民僚、学者、評論家、マスコミ人だけでなく、政治家もそうです。

結果、新型コロナウイルスのパンデミック対策は、今までも今からも、政策に失敗した部分や変更の必要があった前提で、修正や追加策を論ずることができないことになっています。ジョージ・ソロスは、可謬《かびゅう》主義の思想を持ち、よって再帰性理論を理解したことにより投資家として成功できました。

可謬主義および再帰性とは、

一　知識についてのあらゆる主張は原理的には誤り得る。
二　経験的知識はさらに観察をすることによって修正されうる。―認知機能―
三　我々が知識とみなしているものは、どれも、誤りであることが判明する可能性があることを承認することである。―操作機能―

という三段階ロジックとして考えていただければ、よろしいと思います。

すべての先進国で、新型コロナウイルスのパンデミックにロックダウンによるウイルスの封じ込めを狙い、日本でも日本式ロックダウンが基本の対策として実行されました。

当時、理論免疫学者の意見の下、感染症の数理モデルを用いて人の移動を八割抑制することを目標に日本式ロックダウン、すなわち、緊急事態宣言※が実施されました。期間は四週間であり、そして改善傾向が見られないとの評価の中、さらに三週間延長され合計七週間となり、東京の他、特別な地域を除いて解除されました。

あえて言えば、**予定されていた新型コロナウイルスの封じ込め、すなわち「終息」**

※**緊急事態宣言**　2020年４月７日～５月６日（30日間）に、５月７日～31日（25日間）が追加延長。その結果５月25日に全国で解除された。

は実現せず、日本式ロックダウンは失敗であったと評価すべきでしょう。

学者の方々の中には、七割の抑制では不十分であり八割を実現しなかったことが失敗だと言う人もいました。マスコミなどは始めるのが遅かったから、と政権批判の材料に使いました。政府も専門家もマスコミも誰一人として、この結果を総合的に科学的に分析・評価する人はいませんでした。

多くの国民は、四週間の我慢のつもりでいて、加えてさらに三週間我慢させられて、**結局、「終息」しなかった事に失望し、国と専門家に対する全幅の信頼が揺らぐことになりました。まるで狼少年の話と同じです。**

混乱冷めやらぬなか、「第二波が来る」となりました。九月が過ぎて少し落ちついたと思ったら、十月末ぐらいからは「第三波が来る」となり、二回目の緊急事態宣言の発出となりました。

まず、一回目の緊急事態宣言に関し、実効再生産数を一以下の0点いくら（正確な数字は憶えていませんが）に下げるため、全国一律七割もしくは八割の移動制限を四週間もしくは七週間行なうべきとの数理モデルに関し、国はその実現可能性をどう考えていたのでしょうか。中国のような専制国家ではないのですから、その点については外せないことです。また、実行するにあたって、想定外の事情でモデル通りの効果が得られなくなりそうな状況を想定していたのか等、関係者に問いただしたいと思います。

次に、その後、第二波、そして第三波が来て、結果、二回目の緊急事態宣言が一月に発出されました。この時点で、国民は一〇カ月を超えて移動の抑制を強いられていました。

一　現実の世の中で、人々が動くことをそのようなレベルで長い期間抑制することが可能と考えたのか（この現代日本では政府や知事の言う通りに対応しない人々が少なからず存在することを前提としなければならないことは明白です）

二　仮に可能としても、その代償として、支払わなくてはならないものはどんなもので、主に誰が負担することになるのか。とくに「経済的ダメージはどれくらいになるのか」の試算は当然すべきです（実際、この一四カ月で観光・運輸・飲食の三業種が多く負担しています）。そして想定通りにいかなかった時は、オプションとしての次善策はどんなものを考えていたのか（事実、うまく運ばなかったと評価すべきだと思います。リバウンドとか変異株とか話をごまかしていますが）、なぜ第四波が起こったのかなどのことについて問いただしたいと思います。

私たち経営者は、打った経営施策が思惑通りにいかなかった時のことも考えて、オプショナルに会社経営を行ない、もしくはリカバリーを考えます。換言すれば、可謬主義的に事を行ないます。可謬についてここで詳しくは書きませんが、あらゆる主張（計画や施策）は原理的には誤り得るわけですから、着手後、状況を逐次観察して進展状況が思わしくない時は、社会的事象が持つ再帰性を認識して（認知機能と操作機能のループを考慮して）、当初計画し実行着手したものにしかるべき修正を加えます。

前述しましたが、やはり、**この国は「無謬性の原理」に囚われており、四月七日以降、可謬主義的に行動しているとは思えません。**

ただし、一概に批判できないのは、それが合成の誤謬との合併症になってしまっていることにより特定の人のせいではないこと、またすべてを組織のトップのせいにもできない側面があるからです。

　とはいえ、**一番の被害者、観光・運輸・飲食業からすれば、このまま黙って廃業もしくは倒産することは許容できません。**思惑通りに行かなくなった時に、早めにその事を関係者に開示して、一刻でも早く分析・評価を行ない、リカバリー策もしくはオプショナルな手を打つべきでした。この点については、日本における新型コロナウイルス終息、もしくは収束作戦においては、多くの面で課題が残されています。

　マスコミや野党の人たちの自分たちの役割に対する自覚に対しては、当然に敬意を払いますが、**国民不在の単なる政権批判の傾向は、行き過ぎでありマイナス効果のほうが非常に大きいと思います。とくにマスコミおよび評論家の第三者的無責任な言動について、為政者と同じレベルで結果責任が問われるべきではないかと思います。**

　国民も（全員ではありませんが）、マスコミなどの印象操作に踊らされて付和雷同しないようにするべきです。

反省点

次のような点については反省がなされるべきだと思います。

一　七割八割の日本式ロックダウンによる移動抑制は実現性がなかったと考えます。もちろん二、三日でしたら可能であったでしょうが、四週間、ましてや七週間は現実味がなかったと思います。当時、無症状感染者に関する情報が国民全体で共有されていなかった状況での「自粛要請」では、実効性のあるレベルで移動抑制や行動制限が実現可能だったとは思えません。

二　高いレベルで、しかも七週間以上の長期にわたる移動抑制により、消失する経済（富）は大きく、それが一部の人々やセクターにかたよるにもかかわらず、国や自治体が賠償・補償をせずに、一律的な形の協力金、給付金名目の悪平等の政治的対応、もしくはＧｏＴｏキャンペーンのような経済対策的救済をもって代替しました。この経済合理性や公正さを欠いた対応は、大きく傷んだ一部の国民の支持を喪失させ、それ以降の感染防止対策での頼みの綱となる「国民の同調性」が希薄になりました。

三　日本式ロックダウンの原理、とくにマイナス側面の分析がなされていないため、いまだに大きく傷んだ一部の人たちが困窮している中、相変わらず、学者、マスコミ、大都市の知事はただただ移動抑制や行動制限を実質的に国民に強要することで、「収束」もしくは「沈静化」が実現すると思わせようとしていますが、それを信じ、それに賛同している人は少数派です。たとえば、大都市部における近郊を含む行楽および外出と、地方への旅行を一律に扱い、ただただ「外出自粛」「県境を越えるな」と言っても、真に感染拡大は防止できません。連休等行楽シーズンの行楽客数は結局一回も抑制の効果は上がりませんでした。実際の人流についての考察がなされていません。

四　マスコミ、知識人、官僚、政治家の一部にいまだ愚民意識を前提とした情報・印象操作で、国民を扇動できると考えている人々がいます。大本営発表的なワクチン・移動抑制・行動制限等のお題目で国民の行動を思い通りにしようとする政治手法に欠陥があります。

五　外出を私流で分解すると、次ページの表のようになります。

たとえば、小池都知事が東京都民に「外出自粛」を要請した場合に、「不要不急」のワンフレーズをつけようがつけまいが、実質、「日常的な脱日常」の行為と「脱日常」の行為はすべてアウトになります。

これだけ長期化すると、人々は現代社会においては十分な情報がもたらされているため、独自の判断基準が確立しています。そして多くの割合の人々が、国や小池都知事が「外出」とひと括《くく》りにしても、それなりの判断をして、必要と考える外出はします。

結果、多くの人々は旅行や帰省など県境を越える移動をはばかっても、東京都内の行楽や県境を越えても近場の県への旅行や行楽は大丈夫だと思うので

◎「外出」を分解する

	日常生活	日常的な脱日常	脱日常
日常空間	通勤、会食、外食	イベント、会議、会食、散歩、運動、買物	
域内および県境を越える近場	通勤、出張	会議、会食、MICE、旅行、行楽、外食	旅行、帰省
県境を越える移動	出張	会議、旅行、行楽、MICE	旅行、帰省

す。それ以上に休日には日常的な脱日常行為は同じく大丈夫と考えます。

その結果、東京であれば繁華街や近場の行楽地の人出は逆に多くなります。「外出の自粛」という言葉をもって十把《じっぱ》一絡《ひとから》げで人の移動の抑制や行動の制限を行なおうとすることが雑すぎて、本当に得たいものが得られなくなっています。

六　感染者数の多い大都市部と少ない地方との人の交流による感染拡大の影響を、科学的に分析して、適確な人流のコントロールをすべきでしたが、旅行・帰省を一刀両断に反社会的行為と位置付けて、「県境を越えるな」という移動抑制を行なったため、逆に、近場への人流拡大を招きました。この失敗は、この一四カ月で何回も繰り返されています。連休のたびに大都市近郊の行楽地に人出が増えて密になることは当初から予想できた、にもかかわらずです。
そして、その結果を国民、都民、県民等の自覚のせいにして、より縛りをきつくします。しかし、それは逆効果となります。三回目の緊急事態宣言の今、私はそのような状況にしか見えません。

七　地方の事業者である私から見れば、最も感染拡大のリスクが少ない地方への旅行が、最も手控えられる結果になりました。ご参考までに触れますと、近場の旅行は車や電車で簡単に行けますが、多くの地方の観光地へは飛行機か新幹線でしか行けません。そして、その飛行機や新幹線は、半分以下の減便状態にあります。地方の観光・運輸・飲食にとっては、まさにアリ地獄状態です。このような状況に対して、私は理不尽さを強く感じています。

平たく言えば、再帰性を尊重する人とは**反省がしっかりできる謙虚な人**ということで、再帰性を尊重しない人とは**反省ができない唯我独尊の人**と言えるでしょう。

コラム 「悟性」磨きのススメ❷

コロナ禍で、大学では、大学生が登校するとウイルス感染が拡大するので、リモートでの講義が主体となっている。そして、リポート提出が義務づけられて、評価はそれでなされる。

だから、学生がよく勉強するようになったとも言われている。

個人的に言えば、大学は学問の勉強をしに行くだけの場所ではなかった。

そこでは、友人もでき、そのうちの数名は一生付き合うべき、自分にとって価値ある存在になった。同好会に所属し、恋人もできて、社会の勉強をたくさんした。

今の大学生がかわいそうというよりも、こんな環境で、彼らはまっとうな社会人になるための勉強をどこですればいいのだろうか。

あえて理屈とすれば、「知性」は修得できても、「理性」や「悟性」、そして「感性」は、どこで磨くのであろうか。

第3章

「感染拡大と移動」の理不尽

～公の新型コロナウイルス政策にモノ申す～

ＧｏＴｏトラベルへの冤罪《えん》——１

本当に感染リスクと関係があるのか

二〇二〇年十一月二十日政府の分科会の提言を受けて政府がＧｏＴｏトラベルの運用を見直したため、十一月二十四日から、大阪でＧｏＴｏトラベルが使えない、という状況になってしまいました。北海道でも使えませんでした。「第二波」でＧｏＴｏが批判を浴び、この時「第三波」が来るからということで、当然東京発着の旅行に使用することもできませんでした。

つまり、大阪・札幌へ「来ないでください」、東京の人は「旅行しないでください」、東京へは「旅行に行かないでください」という状況になったのです。地方の観光業界的に見れば、「ＧｏＴｏトラベルは効果がほとんどないですよ。皆さんの支援策として大きな期待をしないでください」となったのです。

ここで申し上げたいことは政府分科会の、専門家、すなわち科学者・学者の方々は、「ＧｏＴｏトラベル事業が感染拡大の主要な要因だというエビデンスはない」としながら他の提言と整合性がとれた施策を行なうことで国民の理解が得られる、つまり、「ＧｏＴｏトラベルを中断しないと国民の理解が得られず、他の提言・施策が効果なくなりますよ」とおっしゃいました。

命題論として捉えれば、エビデンスはありませんがこの命題は真とします。よって、その対偶の命題も真とします。その対偶とは「感染拡大を防止するためにはＧｏＴｏトラベルをやってはいけません」ということです。

ＧｏＴｏトラベルを行なっていると、感染拡大を防止するために行なっている、他のことが国民に行なってもらえなくなります。ですから、ＧｏＴｏトラベルを止めて、他の感染拡大防止策をしっかりやってもらわないといけないのです。したがって、ＧｏＴｏトラベルが感染拡大の要因の一つということにしましょう。

これが分科会の提言の趣旨です。これは学者の発言ではなく政治家としての発言

です。

詳しく述べますと、二〇二〇年十一月二十日に政府分科会の専門家（すなわち科学者、学者の方々ですが）が次の提言を行ないました。

「大都市圏を中心に（新規感染者の）顕著な増加が見られ、この状況を放置すると、さらに急速な感染拡大に至る可能性があるとして、三週間程度、感染リスクが高い状況に焦点を絞って対策を実施する必要がある」

こう指摘し、「ＧｏＴｏトラベルについては、同事業が感染拡大の主要な要因だというエビデンスはない」としながらも同時期に他の提言と整合性がとれた施策を行なうことで、国民の理解が得られ、早期の沈静化につながり（経済的ダメージも少なくなるとして）、一部地域を同事業から除外することを含め、早急に検討することを提言しました。ちなみに、ＧｏＴｏイートについても同様に一部地域の除外を提言しました。

分科会は周知の事実を提言にしただけ

感染拡大のリスクを下げるためにはＧｏＴｏトラベルはしないほうがいいということです。その提言が言っていることは一般論として、「ＧｏＴｏトラベルの中断によって動く人の数が減る」ことであり、ごく当たり前の論理展開です。

どういうことかと言えば、専門家、すなわち科学者・学者は、「ＧｏＴｏトラベルにより感染拡大のリスクが高くなっている」という科学的な見解を述べているようですが、実際彼らは何を言っているかというと、「感染拡大した地域の感染拡大のリスクを上げずに下げるためには移動する人の数を減らせ」という一般論であり、これは科学的命題というよりも、当たり前のことを対偶に置き換えて言っているだけであり、ここのどこに科学者としての発言があるのかと私は考えます。

科学者であるならば「ＧｏＴｏトラベルで感染拡大のリスクが何パーセント上がっている」、もしくは「ＧｏＴｏトラベルを止めれば何パーセント感染拡大が減少すると見込まれる」と言うべきです。ＧｏＴｏトラベルを行なう時と行なわない時の実効再生産数の増加の比較ぐらい提言すべきです。

しかも、日常の外出と旅行を一緒くたに括ってしまっています。外出＝移動として、すべてそれを抑制するべきと唱えることは、それ自体は間違っていません。しかし、この場合は**旅行と感染拡大（日常生活空間内での外出と区別して）との因果関係について、科学的根拠を示して、自己の提言を正しいとするならまだ科学者の主張として理解できますが、それを証明せず、逆に「エビデンスがない」とまで言っています。**

たまたま、テレビを観ていましたら、ある野党の議員が、「ＧｏＴｏトラベルで感染拡大しないという証明をしろ」と質問をしていましたが、これは「悪魔の証明」というものです。国に対して、「ＧｏＴｏトラベルをやっても感染は拡大しないと証明しろ」との質問がまかり通る国会のレベルは悲しむべきではないでしょうか。

「ＧｏＴｏトラベルで感染は拡大する」と分科会がきっちり科学的に証明してから、その野党議員は質問をするべきでしょう。それが為されないうちに、このような質問をしたところで、堂々巡りの議論に陥るだけです。

「中世の魔女狩りと同じことを観光に行なっている」と私は感じてしまいますが、被害妄想でしょうか。

さて、「感染拡大をさせないためには出歩かないこと」とは当たり前のことですが、「ＧｏＴｏトラベルを止めて、旅行する人の数を減らせば、感染拡大のリスクは上がらないのですか？」という問いに対しては、読者の皆さんの答えは「ＹＥＳ」なのでしょうか。

単純な命題としては「ＹＥＳ」だと思います。しかし、旅行をしなかった人が生活空間およびそれに準ずる空間で外出したら同じです。むしろ、人口密集地で多くの人がその密集地域内で外出したらリスクはそれ以上に高くなります。感染拡大のリスクが高まるのは、旅行しない人がすべて完全な形でステイホームしたらという有り得ない前提を確定して真と言えますが、そのような前提はあり得ないため、現実はこの命題は必ずしも真でない、ということです。

つまり、この分科会提言の主旨は、「感染拡大の地域においてＧｏＴｏトラベルで感染拡大のリスクが上がります」と周知の事実を提言にしただけと思います。

換言すれば「人が動かなければ感染のリスクは下がる」という一般論を対偶的に言っているだけのことです。これは科学的な意見とは言えません。「交通事故を増やさないためには自動車に乗らない」ということに近いことではないでしょうか。

それを分科会としては、大都市部においては交通量が多いため、「より多くの人がさらに自動車に乗ると交通事故のリスクが高まる」という意見を言っており、その意見を受けて政府は、「大都市部においては自動車に乗らないでください」と言っているだけではないでしょうか。とはいえ、大都市部においては自動車に乗らないと生活できない人が一定数いることは現実です。

このことを地方で考えますと、「交通事故を増やさないために自動車に乗って地方に行かないでください」と新型コロナウイルス感染症対策の関係者の方々が言っていますが、この方々は地方の経済はどうでもいいと思っているのでしょう。

「外出するな」とは、「日常においては家から一歩も出るな」ということであり、ちなみに、旅行を別に扱うと（旅行は日常の行為ではなく、行先も日常的でなく近場でもない前提でいえば）、「日常と違った所へ行く脱日常行為」のことですので旅行は行っていいことになります。

このような意見はへ理屈と謗《そし》られますが、地方の観光目線では、それでも、この理屈を引っ込めたくはありません。

「不要不急の旅行は控えてくれ」と言うべき

はたして、かなりの割合で人が動かない社会を強制力（しかも同調圧力を利用して）により長期間実現することは可能なのでしょうか。

人が生活し生きていくということは、ある意味、「動く」という行動を伴うものであり、そうでなければ人は生きていけません。正確に言えば、動かなくても生きていける人はいるでしょうが、それは社会全体の限られた少数の存在でしょう。ですから、緊急事態宣言の時「不要不急の外出は自粛してくれ」と動き回る存在である多くの人々に対する要請が象徴的でした。

この論理を旅行に当てはめれば、「不要不急の旅行は控えてくれ」と言うべきなのに、結局は旅行も不要不急な外出のうちに加えられ、**「外出という日常（生活における）空間の移動を極力控えてくれ」＝「旅行は控えてくれ」**になってしまっています。

しかも、旅行はすべて不要不急であると、暗黙の了解が存在し、その前提で事がなされます。**「日常の移動以外のところはすべて不要不急である」という、誤謬の前提が成立していることが問題なのであり**、その雑駁《ざっぱく》さが、問題を生じさせることは少し分析してみればわかることです。

湯治や療養、静養、保養があるように、いわゆる一般的な旅行だけではないのですから、「すべてが不要不急ではない」と私は主張します。この視点で小池都知事の言う「ステイホーム」はどのように解釈すべきか、本人に尋ねてみたいものです。だいたい、都民はペットの犬ではないのですから、せめて「Please stay at your home」ではないでしょうか。

ＧｏＴｏキャンペーンには、トラベルTravel、イートEat、イベントEventと三つあります。

前述したように、脱日常的に、日常の空間とは違う空間に何かの目的で、たとえば観たことのないものを観に行ったり、リラックスしたり、温泉に入ってみたり、美味しいものを食べに行ったり、そういうものはすべて不要不急のものである、と見なされています。ですから、「ＧｏＴｏトラベルは、旅行は、不要不急な行為」との大前提となり、そのような旅行に対して税金を使ってまで消費喚起し、感染拡大リスクを増加させる政策であり、けしからんということになります。

一方、ＧｏＴｏイート、ＧｏＴｏイベントは、日常的行為に対して、飲食店や音楽・スポーツ等々の催しは、財・サービスを供給しているため、それらを供給している人々の生活を慮《おもんぱか》って、ＧｏＴｏトラベルほど厳しく批判されません。分科会の提言もＧｏＴｏトラベルに対する運用見直しの後に、他のＧｏＴｏについては都道府県知事に検討を要請するに留まっています。

さて、「究極、家に閉じこもり生活品等の購入のために最低限の外出をする」、政府や都道府県知事（とくに小池都知事）は、このような生活を国民・都民・県民・府民・道民に要求しているのでしょうか？

コロナ禍の状況下において、日常の不要不急の判断基準はどこにあるのでしょうか？　この状況下での脱日常はすべてＮＧなのでしょうか？

本書の原稿を書き始めたのが、二〇二〇年十一月の頃でした。とはいえ、多忙により六カ月以上費やしていたため、コロナ禍が一年を越えてしまいました。当然これらの質問の答えは、その時でそれなりに変わるはずです。

一回目の緊急事態宣言の時は、脱日常的行為は原則すべてＮＧだったと思います。この時は観光・運輸・飲食の事業者も納得していました。その時より、事態はさらに悪化してしまいました。二〇二〇年十二月二十八日からＧｏＴｏトラベルはすべて、停止となり、緊急事態宣言が東京、千葉、神奈川、埼玉、栃木、岐阜、愛知、京都、大阪、兵庫、福岡に発出され二〇二一年三月二十一日まで、東京と三県は続きました。

ですから、**第二波以降については、私は「話が別です！」と言わせてもらいたい**のです。たとえば、二回目の緊急事態宣言においても、旅行と日常の外出を区別してくれていません。相変わらず、脱日常的行為はすべてNG、よって反社会的行為であり、旅行・観光は反社会的行為、と見なされていると感じます。これは私の被害妄想なのでしょうか。

ＧｏＴｏトラベルについては、「感染のリスクを下げるためにも移動するな」との要請に反していると判断されていることにプラス、ＧｏＴｏトラベルというより旅行は人の移動をさらに助長するから悪である、ということになっていると思われます。

そして、もう一つの前提が大きく作用しています。

その前提、「旅行など脱日常的行為は人の生活や人として生きていくことにあたり不要なもの」は私にとっては受け入れ難いものです。日常の空間の中で、感染リスクを下げるための外出を、不要不急なものと必要至急のものとをどこで線引きすればいいのでしょうか。そのことを曖昧にしておきながら、ＧｏＴｏトラベルだけでなく、ＧｏＴｏイートも不要不急な外出を助長する悪い政策として、少なくとも国民一般からは見なされました。

大阪は二一時〇〇分まで、東京は二〇時〇〇分まで等、飲食店が「時短」を強制されました。そうならば、その時刻以前の外食や飲酒はリスクを拡大しないのか、という疑問が当然起こります。特定された時刻を区切りにして、その前後でのリスクの大小の違いがよくわからなくなります。

少なくとも科学的に証明することはできないでしょう。不要不急の外出を控えるよう一般人に要請することにあわせて、時短を飲食店に実質的に強要することは「日常においても出歩くな」と一般人に言っていますので、この移動抑制・行動制限の効果を最大化するために「新型コロナウイルス感染環境下で人の移動を助長する商売をするな」と言っていることに等しいのではないでしょうか。

日常生活でもそうである以上、脱日常的な行為としての旅行はもってのほかとなるのは当然です。でも、私は納得できません。

GoToトラベルが使えなくなった経緯にもモノ申す

二〇二〇年四月に一回目の緊急事態宣言が発出され、それが延長され、三九県の宣言解除後には全国知事会は「県境を越えないでくれ」と言い、国も「控えてくれ」と言いました。

ＧｏＴｏトラベルは第二波の中で感染拡大するから県境を越えるのは、「ヤメロ！」と評論家や学者は言い、マスコミもそういう論調で報道していました。そして、「夏休みには帰省するな」とも大都会在住の地方出身者が言われました。このような風潮の中、両親やおじいちゃん・おばあちゃんは子や孫に対して「世間の目があるから帰省するな」と言いました。子供の家族や孫が身内に新型コロナウイルスをうつさないために細心の注意を払い毎日の生活を送っていたとしてもそうなのです。

ありがたいことに、世間やマスコミの批判に屈せず、政府はＧｏＴｏトラベルを実行し継続してくれました。

実際、当初とは異なり、ＧｏＴｏトラベルは九月、十月、十一月頃は、さほど大きな社会問題にならず、少しは健全な世の中、つまり脱日常を少しは味わえることが可能となり、人間らしく生きられる環境に回復しつつあると思えた、二〇二〇年十二月頃に事態は悪化しました。

冬になり感染者が増え、グラフ的に見ると外国人の入国制限の緩和のタイミングから感染拡大の因果関係が見られることを考察すれば、それらが大きな要因と考えるべきところ、科学的にエビデンスがなく、ただただ一部の関係者の主観をもって、ＧｏＴｏトラベルのリスク増大論が世間の通説となりました。第三波が来て、感染者も著しく増加、大都市部の医療崩壊の可能性が高まったということで、議論が百出し、結果、ＧｏＴｏトラベルが停止となり、二〇二一年一月七日には緊急事態宣言が大都市部に発出されました。「ＧｏＴｏトラベル＝旅行」という前提で、旅行は再び反社会的な行為となりました。

前述の通り、十一月二十日の分科会の提言を受けて、政府がＧｏＴｏトラベルの運用を変更したのですが、実際は、その後、感染者数の増加が止まらなかったため、ＧｏＴｏトラベルの全国的停止や緊急事態宣言の発出にまで進んでいくことになります。

実際は、十一月二十日の前、十一月十八日頃には、観光にとって不条理な企みが発動していたと私は考えています。

当事者の一人は日本医師会の中川会長です。十一月十八日に「コロナに慣れないで、甘くみないでほしい」と呼びかけ、「エビデンスはなかなかはっきりしないがきっかけになったことは、間違いない」と発言したのです。分科会もしかりでした。

これを受けて政府は、二〇二〇年十一月二十一日に運用の見直しを決定し、結果十一月二十四日から、大阪市、札幌市を目的地とする旅行でGoToトラベルが使えなくなりました。

もう一人は、東京都医師会の尾﨑会長です。彼は十一月二十日にGoToトラベルについて、キャンペーン実施二週間後くらいから感染者が全国的に増加に転じていると指摘し、「ここで、一度中断するという決断をしていただけないかと考えている」との見解を示し、政府にGoToトラベルの一時中断を促しました。また彼は全国的な中止が無理というのであれば東京や北海道を除外し近場だけにするという方法もあると提案しました。

三人目が小池都知事です。彼女は感染者増加の中で、国からは、その時点での感染拡大防止策が十分でないため、より強化するよう要請を受けていたにもかかわらず、それを拒否していました。そして一回目と同様に、国が緊急事態宣言を発出するように政治的パフォーマンスに終始しました。おそらく彼女は、一回目の緊急事態宣言で一兆円の都の積立金を全額使い果たしたため、その財源を国から引き出したいという思惑もあったと思います。

多くの国民がマスコミの報道しない自由により誑《たぶら》かされていましたが、その時、実行中であった東京都における二十二時までの時短は東京都知事の権限だけで十九時へ変更可能でしたし、ＧｏＴｏトラベル・ＧｏＴｏイートに関しても、国は各都道府県知事にその最終判断を委ねていたはずですから、感染拡大対策が後手に回ったのは小池都知事の責任のほうが大きいと思います。

マスコミは単なる政権打倒や政権批判という自己目的のために、印象操作して国民に情報を伝えがちですが、私が得られた情報と知識から分析・解釈すれば、それが真実であると確信しています。

観光で生計を立てている、地方の人はどうなるのか？

そういう前提で言えば、観光はとくに地方で、観光で生計を立てている事業者およびその人たちに雇用されている人は、中世の魔女狩りで火あぶりにされた疫病をもたらす魔女のように、歪《ゆが》んだ社会における聖職者的な立場にある人やマスコミ等によって選別された、スケープゴートなのですか、と問いただしたくなります。

別に政府を一方的に擁護しているわけではありませんが、専門家や学識者といわれる人たちや、評論家、テレビのコメンテーターとかいう人たち、マスコミの人々、そして都道府県知事、市町村長、自治体で働く地方公務員というカテゴリーの人々よりは、国のほうが地方の観光とそれを生業としている人々の生活や事業や雇用を守ることの重要さをわかっていたと思います。

一つだけ誤解しないでいただきたいことは、私が申し上げている「国」とは、**すべての国会議員や、すべての政府の要人や、すべての省庁やすべての国家公務員を指しているのではない**、ということです。「国」のうちの誰がどの組織が、ということを言及しても意味はありませんが、当時の官房長官、今の菅総理は間違いなく、地方の観光で生計を立てている人々に最も意を尽くしてくれた方であったと私は思っています。ですから、マスコミや世間がこぞって批判している現況を私は悲しく思います。

小池都知事が、都民に外出の自粛を強く呼びかけ、都内の飲食店が厳しい時短を要請され、諸々の問題はあっても、一日に一店舗につき六万円（二回目の緊急事態宣言時）の「不要不急」な支援金が出ています。

小池都知事が都民に「外出するな」と言えば、都民は「旅行もするな」と理解します。結果、都民が旅行しなくなることを認識して、おっしゃっているのか、そうでないのかはわかりません。しかし、この小池都知事のご発言が、地方において観光で生計を立てている人々にとって、「廃業してもいいですよ」「倒産してもいいですよ」とおっしゃっているように聞こえてしまう、との自覚はないようです。

そう聞こえるのは、**地方の観光は大都市からの旅行者の落とすお金で生計が成り立っているから**です。その認識があったとしても、彼女は「都民ファースト」ですから、地方のことはどうでもいいのかもしれませんが。

やみくもに、そういうＧｏＴｏトラベルによるリスクがあるから大都市の人々の日常の生活・空間の中での脱日常的な行為やプチ日常的な行為を同一に扱い、「外出するな」＝「地方に旅行するな」にしないでいただきたいと思います。また、「東京＝日本」ではありません。**東京など大都市部の問題をさも日本全体の問題として、国や各自治体が政策判断をするのは勘弁していただきたいと思います。**その結果、地方の私たちの生存権が脅かされることがあるのですから。

大都市、とくに東京の事情と地方の事情を勘案し、大都市部の住民の日常における感染拡大防止対策から旅行を別にして、地方の経済に配慮した政策を行なうことをお願いしたいものです。

我慢の期間を引き延ばし国民が忍耐できなくなった

日本医師会会長、東京都医師会会長も、ＧｏＴｏトラベルの一時中断が観光事業者をどれだけ苦境に追い込むかを認識してご発言されているのでしょうか。

分科会の尾身会長の「同時期に他の提言と整合性がとれた施策を行なうことで、国民の理解が得られ、早期の沈静化につながり経済的ダメージも少なくなる」という考え方も、東京都医師会会長の「全国的な中止が無理というのであれば近場だけにするという方法ある」という提案も、いずれも私からすると政治家のような発言であり、科学者・学者の論理的なものとは思えません。

ぜひ、自分たちの論理が正しいのか、弁証法で証明していただきたいと思います。

一　ＧｏＴｏトラベルの中断が、なぜ早期の沈静化につながるのか
二　ＧｏＴｏトラベルの中断云々の視点から「国民の理解」と「早期の沈静化」との関係について三段論法では、どういう論理展開になるのか
三　ＧｏＴｏトラベルを中断すると経済的ダメージがなぜ少なくなるのか
四　近場の移動であれば感染拡大がなぜ大きくないのか

私からの反論を少々記述させていただきます。（この記述は、第四波騒動が大きくなり、まん延防止等重点措置、そして、三回目の緊急事態宣言が出される前のものです。よって、その後の状況の変

化を前提にすれば、若干、踏み込みが足りない表現があります）

まず、札幌を例外として、他の対象地域は人口が圧倒的に多い大都市（東京他首都圏の三県や大阪、名古屋など）です。

絶対数が大きいだけでなく人口密度も高い、そういう地域に生活している人々に、外出自粛と飲食店に二一時〇〇分までの時短を要請している状態で、それに加えて、域外への旅行を自粛することが、域内での感染拡大を抑制して早期の沈静化につながるとは思えません。科学的でないことは一目瞭然です。

逆に、地域内の時短を二〇時〇〇分までにするような施策のほうが感染拡大防止策には効果があり、事実二回目の緊急事態宣言では、二〇時〇〇分までの時短要請になっています。

二〇二〇年十一月十八日の日本医師会会長の「コロナに慣れないで、甘くみないでほしい」は「甘くみているから、旅行に行っている」「政府がＧｏＴｏトラベルで助成までしているから、国民が甘くみて感染防止を怠っている」という主旨と考えます。しかし、大都市における感染拡大は、分科会の言うところのその他の提言に関わる施策が徹底しなかったためであり、別の視点から見れば、それらの施策だけで冬場の大都市での感染拡大防止にはそもそも不十分だったのかもしれません。

少なくとも、東京においては小池都知事が、他の施策について十分なレベルで実施していませんでした。もしくは、都民の反感、経済への影響を考えて、手控えたことは事実です。

東京都医師会会長がおっしゃるように、ＧｏＴｏトラベルを近場だけで行なったら、より感染は拡大したと考えるのが合理的です。なぜなら、ＧｏＴｏトラベルがあろうがあるまいが、大都市の住人は連休を含む週末や祝日に行楽に出かけるのですから、近場にだけ、ＧｏＴｏトラベルで助成すれば、大都市の住民は近場の繁華街や行楽地に一斉に外出し、密を形成して感染を拡大したことは間違いありません。

事実、二〇二〇年十一月の連休はコロナ禍の環境で人出が増加し、「コロナに慣れた」「緩んだ」とかマスコミで注意喚起がなされました。

何回も書きましたが、**「日常的外出」と「非日常的外出」を一緒くたにする。**詳しく言うと、**「プチ脱日常的行為」も「日常的外出」と一緒くたにする。**こういうアプローチで、「六カ月から一二カ月という期間で人々の移動抑制することが可能である」との**前提の設定が大問題と言えます。**

しかも、最初は四週間、次はあと三週間、そして夏休みが過ぎ、十月になって第三波があるから移動自粛を続け、十一月になって、「甘くみている」「緩んでいる」と指摘し、とりあえず、三週間と言い、そのうちに、大変な状況だ、緊急事態宣言だと言う始末で、**まるで狼少年ではないでしょうか。**

感染拡大防止のための国民の我慢の期間をずるずると引き延ばして行なったために、国民が忍耐できなくなった、という側面には全く考慮がなされていません。そのような中で「国民の理解が得られ早期沈静化につながる」という分科会の提言についてては彼らのロジックを是非開示していただき、政治家ではないのですから、学者としての発言の妥当性を評価すべきと思います。

なぜなら観光業者にとっては、「経済的ダメージ」はいまだにかつ継続的に受け続けていて、かつ、より大きな損害となっているからです。もはや、これは「天災」ではなく「人災」です。

観光は感染者数を増加させる「やっかい者」？

マイクロツーリズム、ワーケーション、バーチャルツーリズム、マスク会食等、現代人は次から次に造語を考えつくものだと感心します。そして、それを知らない、もしくは、その言葉が意味するものを、時代の流れ、マーケットの方向、社会の先行として受け入れて対応しない人間は、ネアンデルタール人※的な存在として淘汰されるべき側と見なされ、蔑視《べっし》され、差別さえされます。

昔、日本には「四全総※」という国土計画があり、その次に五全総になり、それ以降、国土計画なるものを国は作らなくなりました。

四全総の基本理念は国土の均衡ある発展であり、五全総のそれは、地方での人口減少、人口の東京への集中の中で「交流人口の増加による地方の振興」であったと思います。その中で、六人の交流人口が一人の定住人口と同じ経済効果をもたらすと教えられました。その延長上において、ほとんどの自治体が、「地方創生＝観光」

※**ネアンデルタール人**　最近のゲノム解析によれば、ホモ・サピエンスとネアンデルタール人は交配していたことが判明し、ホモ・サピエンスに種の優位性があったから生き残ったわけではない、と言われている。

というテーゼをお念仏のように唱えました。

そもそも「観光」は「南無阿弥陀仏」のごとく、地方が極楽浄土となるために必要なことだったはずです。しかしながら、(すべての知事とは言いませんが) 多くの知事にとり、観光は自分の県の感染者数を増加させる「やっかい者」だと見なされているようです。

多くの人々が「正しく恐れる」というフレーズを用いますが、新型コロナウイルス感染症の地域に対する災禍に「正しく恐れている」知事や自治体は日本の何パーセントなのでしょうか。

くれぐれも、**安易に「県境を越えるな」「県内だけでの需要喚起策」で、観光そして運輸を救えると思わないでいただきたい**と思います。

※**四全総**　第四次全国総合開発計画の略。「多極分散型国土の形成」を基本理念とする全国総合開発計画で1987年(昭和62年)に策定。目標年次は昭和75年(2000年)。

不要不急と自粛要請——2

錦の御旗にモノ申す

前述の通り、ほとんど外出しないで生活することが可能な人も一部にはいます。とはいえ、可能ではない人が多いために、「不要不急」の言葉をつけて、日常生活の中において自粛を要請しています。

一方、日常生活ではない、つまり非日常生活において、表現上は不要不急の外出つまり、旅行や観光はダメということになっているとほとんどすべての日本人が考えています。旅行や観光は自粛要請されているのです。旅行や観光は外出であることに変わりなく必要な旅行や観光があると認識されていないためです。

つまり、私たちは日常生活においては「不要不急」という言葉をつけて、「外出を自粛してくれ、必要な場合は外出もＯＫである」との要請がなされているわけです。「日本人は全員、常に家にこもっておけ」と国や知事が本音を言ってしまえば、その要請は非現実的であること、そして国民から猛反発を招き混乱を生じるためです。

その結果、コロナ禍の状況下では、日常生活では必要と不要とがありますが、「日常生活ではない」、つまり「非日常的なものはすべてが不要不急である」と国民みんなが認識しているように思えます。

はたしてそれは正しいことなのでしょうか。

私なりの結論は、二〇二〇年七月頃までは、「正しい」でしたが、それ以降は必ずしも「正しい」とは言えません。短期間であれば、新型コロナウイルスのパンデミック終息のために仕方のないことですが、**一年以上となると、脱日常的なものをすべて不要不急として片づけるのは、「人が生きる」ことについて無定見すぎます。**

そもそも「人が生きる」とはどういうことなのでしょうか。

たとえば、日常空間、日常生活の中で、コロナ自粛で、ずっと家でコンビニごはんを食べているとストレスがたまり、精神状態が変になってしまうから、たまに外食することは必要なことです。

これと同様の論理で、**一年に一回ぐらいは旅行することは人間らしく生きるという意味で必要なことと見なされていいのではないか**と私は思います。

二〇二〇年四月の緊急事態宣言から四、五カ月は、旅行や観光は自粛すべきでしょう。しかしながら、そのような生活を国民の全員に一年以上強いて、社会の健全性が保てるでしょうか。

通常、学校が休みになり、家族旅行や里帰りなど日常的でない行動をしやすい夏休みやお盆の時期に、国や都道府県から「旅行するな」に加え「帰省するな」と言われました。帰省すると郷土で感染が拡大するという科学的な証明もなされていない段階で、多くの帰省を望む大都会に住む地方出身者が生まれ故郷に帰ることを自粛要請され我慢しました。

旅行も同様です。人が人生を長く生きていくことを考えた場合に、何かの節目、節目でそれぞれの然るべき理由で旅行することを不要な行動と見なすべきでしょうか。

職務としての社会的価値

そういう前提で、裏返して世の中のカラクリを見ると、こういう言い方になります。

人間に社会に何らかのニーズがあるから仕事が生まれ、その仕事で生計を立てている人々がいます。それらの人々が提供する商品やサービスが、社会にとって不要か不急かの価値判断で、その人が従事している事業の社会的価値や社会的必要性が決められてしまうことになります、と。

具体的に言えば、旅行は世界中の誰もが行なう行動であり、グローバルにみても大変大きなニーズがある点に異を唱える人はいないと思います。

今回のパンデミックで、旅行は不要で不急な行為とされています。私としては、四、五カ月間は不要とされても受け入れますが、それよりも長い一年近くの期間においても、旅行は不要不急とされて、「国民に旅行をしてはいけません」と国や都道府県知事、マスコミが勧告したり同調圧力を加えたりすることには強い反発を感じます。このことは前述の通りです。

すなわち、**旅行に関わる商品やサービスを提供する旅館、ホテル、バス会社等々はこの国の社会に必要ない存在と思われていることであり、それらの事業は社会的価値がないことになります**。

我が社には約二五〇〇人の社員がいますが、彼らに「君たちの従事している事業は、そして君たちが果たしている職務は鹿児島のために必要なことだ」と啓蒙している私としては、観光・運輸は国民にとって必要ではない、とされることは残念以上の思いを抱きます。「自尊」「自助」「自律」が我が社の事業理念です。自尊があってこそ、自助心が芽生え、自己を律してこそ、自立が可能となります。

結局、人々の生活にとって観光は必要でないことと、この国では見なされているのでしょうか。

ちなみに、「ツーリズム・インダストリー」という言葉を外国では使います。直訳すると「観光産業」ですが、この国（日本）では、観光は産業と位置付けられているのか、よく疑問に思っていましたが、今回の新型コロナウイルスのパンデミックで、私の疑問はさらに大きなものになりました。辞書には産業とは「人々が生活するうえで必要とされるものを生み出したり、提供したりする経済活動のこと」とあります。

さて、前述しましたが、新型コロナウイルス感染拡大を抑え込み終息させるため、一定の時間、人の移動を抑制することが必須となっている状況で、旅行や観光は人の健全な生活のために必要だとは言いません。

しかしながら、四、五カ月は仕方のないことと思いますが、それ以上だと、考え方を変えるべきではないでしょうか。

一回目の緊急事態宣言の後のケースで言えば、**「夏休み、せめて八月からは旅行**

はやり方によっては悪くないです」としてほしかったと思います。もちろん感染拡大防止対策をしっかり行なったうえでのことです。

皮肉なもので、当初、政府は「旅行はＯＫです」としてくれました。それどころか、「どんどんやってください」「地方の観光関係の事業者が大変困難な状況で助けてあげてください」と七〇〇〇億円近くの予算まで組んでくれました。

ただ、それが裏目に出ました。ＧｏＴｏトラベルの制度設計も問題があり、私から言えば、日常の中の外出や行楽と脱日常の旅行を一緒くたにされ、感染拡大の主犯格的な嫌疑をかけられ続け、結局、二〇二〇年十一月には十分な証拠もないまま有罪となって、第三波対応の二回目の緊急事態宣言の発出もあり、**この冤罪はいまだ晴らされていません。**

思考が知らず知らず枠組みに封鎖されていないか

そのうえに、日常の行動と日常ではない行動を全部混ぜて十把一絡げにしていますが、日常のものだけで、長い一生を健全に生きていけるのでしょうか。たとえば、家族でたまに外食するだけで、週末に一泊の家族旅行も一年間しないとしたら、また日常生活の中に、脱日常的な日常（プチ脱日常）の行動があれば、それだけで、人は一生満足して生きていると思えて、自分の人生に意味を見出せるのでしょうか。

旅行でいえば、何キロメートル以内までがプチ日常の範疇での旅行であり、どこからが脱日常になるのでしょうか。日帰りならプチ日常の範疇になるのでしょうか。行楽と観光とはどう区別するのでしょうか。

生きる目的が人それぞれ多様であり、多様性が許される日本の社会の中で、より良き人生のために、より良き生活のために、どれだったら必要で、どれだったら不要不急なのでしょうか。

今、国は、都道府県知事は、**日本人の同調性を利用して自粛を強要しています**。その結果、社会として新型コロナウイルスのパンデミックをなんとなく抑えていると言えます（第四波がきた現在、抑え込んでいるという表現が使えるかどうか、おぼつかなくなっています）。

私からすれば多くの為政者の人々は、「社会」という概念が大切と装うのではなく、我が国の、我が県の感染者が何人であるのかを関心事とするのではなく、大切な事は社会が一人ひとり人間としての営みの集合体である以上、その一人ひとりが病んでいる、病みかけている異常な生活状態を少しでも早く収束させるために何をするべきかを考えるべきです。

ただ「社会崩壊」とか「医療崩壊」とか「人命第一」とかのキャッチフレーズのみで、自粛要請や行動制限等の施策に絶対的な正義が与えられる状況は戦争中の翼賛思想的ですらあると感じています。※

こういう形のプロパガンダと統制は戦時下の「欲しがりません、勝つまでは」的であり、このようなキャッチフレーズで正当化した過去の全体主義と変わりないような気がしてなりません。

「欲しがりません。収束するまでは」ではないのです。

※**翼賛思想**　戦前に近衛文麿が成立させ、諸産業から文化・思想にいたるさまざまな領域に深く長期的な変動をもたらした「大政翼賛会」のイメージから名付けられた思想。「日本的な世間の圧力による草の根ファシズム的な思想」「総動員体制」のこと。但し「翼賛」の原義は「力をそえてたすけて補佐する」という中立的なもの。

議論百出した理由――3

行動が制約される不自由さ、ストレスが原因

さて、緊急事態宣言が、二〇二〇年四月七日に発出され、その後、期限が三週間ほど延長されました。新型コロナウイルスが世界中に拡散し感染者がまん延しましたが、どういうわけか、結果論として、日本では死亡者・重症者が少なくなっていました。

しかし、欧米で日本とは違う桁数で感染者が増え、かつ多くの死亡者・重症者が出て、諸外国が「ロックダウン」(都市封鎖)という手法をとって、その国々で感染が拡大しないように、そして、医療崩壊、社会が崩壊しないように手が講じられる中、日本では緊急事態宣言に至りました。中国は、共産主義国家であったため、強

権を発動し人々の移動を抑制したため、中国政府によると新型コロナウイルスの封じ込めに成功したこととなっています。

我が国での緊急事態宣言には、ヨーロッパの国々の「ロックダウン」とは違い、強制力がない形で行なわれましたが、一応、それを「ロックダウン」と呼びました。厳密な定義からいえばロックダウンではないのですが、日本的な方式で「ロックダウン」を行なったと認識されています。

現在（二〇二〇年十一月二十七日執筆）、宣言の発出から七カ月ほど経過し、三回目の感染者数増加の危機に直面しています。このウイルスの特性からして、基本的には人の移動を制約し、人と人のコンタクトを極力減らすのが取りうる対抗策の中で最も社会全体としては効果的だと言われています。

もちろん、人と人とのコンタクトがあっても、マスクをする、ソーシャルディスタンスをとる、除菌のための消毒をまめにする等の予防対策により、飛沫感染・接触感染による感染自体のリスクを下げるための対応は必須です。

実際に「ロックダウン」だけでなく、これらのことが感染拡大の重要な防止にはなることは明らかです。

社会全体として感染が拡大しない、具体的には感染者が増えない、死亡者・重症者が増えない状況をつくりだすための、一番の方法は何か。それは、人々の移動を制約することが効果的とみなされているので、いわゆるロックダウンしたわけです。

しかし、今回三回目の感染拡大の危機が迫りくる中で、どこまで人の行動の制限を、移動の制限をするかということで、今、議論百出の状況になっています。（結果的には、ＧｏＴｏトラベル、ＧｏＴｏイートが中断となり、東京・神奈川・千葉・埼玉他七都道府県に緊急事態宣言が発出されました）

なぜ、議論が出るかというと、（よく考えれば小学生でもわかることですが）人が移動しないということは、人間社会が機能しないレベルで個人の行動が制約されることを意味し、人々が生活を営むこと、もしくは生計を立てることを困難にするからです。

当然のことですが、通常の生活とは違う抑圧された生活を強いられて精神的にも不健全になる、という副作用を伴います。

二〇二〇年四月の一回目の時は、その副作用に対して想像できたにもかかわらず（あえて想像しなかったのか、想像できなかったのかは別にして）、その部分を見損なってしまい、とりあえずウイルス拡散を防ぐために、日本方式の「ロックダウン」、すなわち、緊急事態宣言が発出されたわけです。

さいわい、その期間が短期間だったため、その点については十分な、かつ合理的な議論がなされて、十分なコンセンサス（誰のかは別として）を形成して行なわれた、とは言えませんが、ほぼ国全体が従順かつ能動的に対応しました。

第二波、第三波では特徴が違う

第二波と言われる二回目の危機は、東京他の限られたエリアでのことですので、対応は、日本全体ではなく、人口が密集する大都市部と北海道だけを対象にして実施されました。

その第二波の時は、一回目の緊急事態宣言を受けて、大きく傷んだ社会生活上の

(経済を含む)損失やダメージを復活させるために、徐々に経済を含む社会活動を再開し、いろいろな支援対策がなされようとしているタイミングでした。ＧｏＴｏトラベルやＧｏＴｏイートが象徴的なものです。この頃は、まだ新型コロナウイルスに関する情報が不十分であり、両方は相反するものとして、**「命か経済か」という、本質的ではなくイメージ的な議論が沸騰し、いろいろな意見が百人百様となりました。**この頃から社会の分断が始まったと思います。

第二波と称される七月から十一月の間は、ブレーキとアクセルを両方踏んでいるような状態であったと比喩していいでしょう。当然、世の中の本質は、「命か経済か」という二者択一の問題ではありませんから、人々が生きていくための社会が正常に機能するに必要な経済活動は一部(観光・運輸・飲食)を除いて、正常化されていきました。

何とか第二波を乗り越えてきて、十月、十一月頃は経済活動も、どうにか回復しつつありましたが、晩秋から初冬のタイミングで急激に感染者数が増えて、第三波騒動が始まり、ＧｏＴｏトラベル、ＧｏＴｏイートを止めるとか、東京・大阪・名古屋がまた時短営業する等、この第三波に対応するために、各種のことが盛んに議論されたり、おのおのの自治体で実行されたりしてきています。

国全体で言うと、世論でいえば感染拡大の防止対策を徹底した形での実施を望む人々とそれを望まない人々とに分かれましたが、前者がマジョリティーで、知事さんたちも多くは「命が大切」派で、マスコミの情報の扱い方も、そちらに世論を形成する方向で行なわれています。そのため、二〇二〇年の四月、五月の時と同じく厳しい対応が為される可能性があります。（結果的に、ＧｏＴｏトラベル、ＧｏＴｏイートが中断となり、東京・神奈川・埼玉・千葉に緊急事態宣言が発出されました。国全体を対象にしなかったことについては、いろいろと深い問題がありますので、ここでは区別しませんでした）

そして、それは当然、移動の抑制や行動の制限をすると、まともに事業ができなくなる人、生計が立てられなくなる人、生活的に苦しくなる人が大勢出る中で、それに対する反発や救済を求める声が上がることとなります。

言い換えれば、反発や救済を求める声が出ることが予想されながら、趨勢《すうせい》は移動の抑制、行動の制限に再び動いていくことになります。

そして、残念ながら、その反発や救済を求める声は立場により強弱はあるものの、結局、そういう制限が八カ月も続いている事実が軽視されて、ひたすらに「抑制」と「制限」が社会正義となってしまっていることが問題を根深くしているわけです。

地域を特定してのことですが、二〇二〇年の四月、五月と同等のレベルで「抑制」「制限」の方向に世論が形成され、政治がそちらに突き動かされています。**第三波の特徴は、その動きを正当化する「『命』が大切」派のロジックが、「感染者数」から「医療崩壊」へと、いつの間にかすり替えられている**ことです。

憲法違反 〜自粛要請が招く営業危機〜 —— 4

緊急事態宣言は整合性・合理性において欠陥だらけの政策

我々は、最初の緊急事態宣言の時に、やむを得ないという気持ちがある一方、それなりに抵抗感を覚えながら、法的拘束力がない中で、外出や営業の「自粛を要請する」と言われました。あわせて、支援金や協力金など、営業自粛をした人に対して、大した額ではないものの金銭的な支援がなされました。

ただ、ここで、少なくとも私は大きな矛盾を感じます。自粛を要請された対象を区別して緊急事態宣言という手法で行なわれたことの本質をマクロ的視点で見れば、理論上、整合性・合理性において欠陥だらけの政策だからです。

「自粛要請」という言葉尻を捉えると、拘束力のないものですから、従うも従わないも人それぞれです。そして、その要請は、「外出の自粛」という形で一般の人々に出されたものと、「営業自粛」という形で事業者に出されたものと性格は全く違います。

すなわち、法的拘束力のない中で、実際は一般の人々に、「不要不急な外出をするな」と、国や都道府県の長が「要請」という名の、実質的には「要求」をすることは、この日本人社会における同調性を前提とすれば、外国における法的拘束力のある「ロックダウン」以上の従属性※を要求されることになります。しかも、当初、ロックダウンの期間は四週間もしくは七週間の限定期間でしたので、私権の制限を「要求」したとしても、受け入れられます。

一方、対象を、事業を営んでいる者、それを生業としている者に対し営業自粛を要請することは、前述の外出自粛とは全く話が異なります。ストレートに言えば、収入が得られず、極端な話、**自ら「倒産する」「生活ができなくなる」状況に陥ることを強いている**ことになります。いくら日本人は同調性が高いと言っても、おいそれと従うはずはありません。当然、国や都道府県は、それを認識しているので「自

※**従属性**　権力や威力のあるものに依存し、それにつき従うとする判断、言動。

粛要請」しかしていないのですが、それを実質、行政指導もしくは命令とすれば、憲法違反と解釈もできます。

しかし、実際は、一回目の緊急事態宣言時は、日本中のすべての事業者や生活者が自粛要請に応えて休業を行ないました。なぜ、そうなったのでしょうか。

一番大きな理由は、**お客様がいなかったから**です。すなわち、外出自粛を要求されたほとんどすべての国民が、外出をしなければ来店できないということです。だから、お店を開けていても、営業を行なっていても、売上が上がらないから、営業自粛要請に従わざるを得なかったと解釈すべきです。

もう一つは、**短期間だと言われ、それを信じたから**です。後述しますが、別な見方によれば、国や都道府県知事による「営業妨害」であり、事業者としては、営業を続け、憲法で保障されている生存権の侵害で国や都道府県知事に損害賠償請求を行なうこともできたはずです。

でも、それを行なった人は誰もいませんでした。それはおそらく、日本の裁判所の裁判官で原告勝訴の判決を出す人はゼロであること。また、このコロナ禍の緊急時に、欲得ずくに社会的責任を蔑《ないがし》ろにするような事業者は、社会的に抹殺されるからだと思います。

まるで戦時体制下で、個人的な事情を訴えれば非国民扱いされたのと似たようなものです。「命か経済か」というレトリックに象徴されるロジックでもあります。加えて、我慢する期間が短いため、損害額も許容範囲と想定できたこともあります。

ただ、営業自粛のケースにおいては、支援金や協力金という名目の経済的支援がなされていますが、それは、**事業者の営業自粛の間の得べかりし収入もしくは利益を補償、補填するものではありません**。

経緯的に見れば、東京都に緊急事態宣言が発出された時、それを発出するように仕向けた小池都知事が、独断先行して出した協力金に他の地域が横並びしたことで、全国で支給されるようになりました。ですから、都道府県で、その金額が大きく異なりました。

個人的には、この協力金の支給は政治的にも行政的にも、とても筋が悪い施策だと思います。同調性のみでは強制力が弱く、かつ、事業者に対して、しっかりと補償すると莫大な財源がかかる。だから、社会的義務と、商売ができない環境づくりと、協力金の三つの合わせ技で、実質的にロックダウン効果をより高いものにしたと考えるべきです。

もう一つ加えれば、新型コロナウイルスの脅威や社会的リスクの過大な見積もりも重要な要素でした。この時点ではウイルスに関する情報等、国も不十分でしたので、意図的情報操作とまでは言えませんが、見積もりや予想について、国民がウイルスに対してネガティブに過剰反応することについて、それを「良し」としていたのです。

このまま観光・運輸の事業会社がつぶれても構わないのか？

言葉遊びをすれば、協力金とは何に対する協力金なのでしょうか。

新型コロナウイルス感染拡大防止および収束政策に対して従順に協力する協力金とでも言うことでしょう。このような点から考えると、合わせ技で出された協力金については、名目は協力金といっても、本質的にはポジティブに言えばインセンティブ、もしくは、ネガティブに言えば迷惑料・沈黙料と言ったほうが適切です。

すなわち一般市民に対してなされた外出の自粛要請というものは、現実的には期間や内容で言えば、四週間プラス三週間という日数とか制約条件（具体的な行動についての）等の目線で見れば、ほとんどの国民が許容可能なレベルで要請されたため、大きな社会問題となることはありませんでした。無論、刑法があっても犯罪がなくならないように、不届き者は一定のパーセントでいました。

社会的責任を果たし問題児とならなかった人々は、一人ひとりの個人の観点から、所属するコミュニティーや組織の観点から、もしくは社会全体として見て、いずれの観点から見て、「しようがないよね」と思い、また他の人に言い、法的拘束力はないけど「国民の義務」というイメージが形成され、その義務感の中で個人は能動的に対応することができました。

しかし、要請をある立場で受けた人間、すなわち、営業の自粛を要請される一方、外出自粛を仕向けられた消費者が来店しなくなって収入がほとんどなくなった事業者は大変でした。

国からは営業補償的には一銭も出ませんが、雇用調整助成金、持続可能給付金などのインセンティブがわずかに出され、および自治体からの協力金という、「迷惑料」をもらっても、営業に大きな支障をきたし、収入が激減し商売が困難になった事業者の人々にとっては大問題でした。それでも、問題児にはなりませんでした。パチンコ業界の一部の事業者以外は、です。

前述の通り、緊急事態宣言という方法論で国が行なったことは、**究極的ですが、国民の生存権を侵害する「憲法違反」と言えます**。国からは国民に、知事から県民に、「自粛を要請する」ことは、日本国民の国民性からすれば、それは「命令」とまではいかないまでも「要求」に等しい強いものです。そうである以上、お客が来ない、旅行者が来ない、開けていても商売にならないといった窮状をつくりだした行為は、**極論すれば、「営業妨害」「営業権侵害」であり**、国や県がそういうことをしていいのですかと言いたくなるような状況です。

緊急事態宣言の発出は、二〇二〇年中は、それ以上はありませんでしたが、しかし、国民・県民の旅行や行楽や外食を抑制する環境づくりは、国や都道府県知事やマスコミによって、その後も続けられて、商売できない状況はずっと続いてきました。（実際は、第三波により、二〇二一年一月八日に一都三県が二回目の緊急事態宣言の措置となり、一月十四日には一一都道府県へ拡大され、再び、強い行動制限・移動抑制策が取られました。最後の東京・千葉・神奈川・埼玉の一都三県が解除されたのは三月二十一日でした）

そして、その環境の中では、その金額で私たちが事業継続していけるだけの大きなものではありませんが、インセンティブもしくは迷惑料として、都道府県・市町村等の自治体から協力金や支援金等の名目で金銭が支給されました。それに関して、鹿児島の企業経営者である私から見れば、一回目の緊急事態宣言の時、東京都は二〇〇万円で、鹿児島県は二〇万円でした。同じ日本で事業を営んでいる企業なのになぜ金額がこんなに違うのか疑問でした。

これも**見方によっては、「憲法違反」と言わずにはいられないこと**で、自治体の財政力によってインセンティブの金額が一〇倍くらい違うという状況は看過されてはいけないのではないでしょうか。乳幼児等医療費援助において、東京都や京都府などは十五歳年度末まで援助がありますが、鹿児島をはじめ多くの県では就学前までしか援助がない、という格差と同質の問題なのでしょう。（出所：厚生労働省　令和元年度「乳幼児等に係る医療費の援助についての調査」）

またたとえば、国会議員選挙で格差三倍は違憲とされて、現状では鳥取と島根などでは一人しか参議院議員を出せないという状態となっています。この国政選挙の実態と比較して、この自粛要請の及ぼした惨状と自治体間の協力金・支援金の格差の不整合性を考えたときに、この国においては、都道府県という自治単位の意味とそれぞれの格差をどう考えればいいのでしょうか。

地方の人間としてシャウプ税制※以降の地方税の仕組みや都道府県の在り方自体が憲法違反ではないのか、と憤りに近い不公平感を覚えました。

この行動制限・移動抑制による商売できない環境づくりは、緊急事態宣言後も不要不急の外出自粛に留まらず、国に、そして、それ以上に全国知事会に、「県境を越える移動を控えるように」と国民が、そして県民が言われました。その瞬間から、当社は観光・運輸事業が中核事業であることから、その経営者である私は、「観光・運輸業の皆さん、**国や知事さんたちは、このまま観光・運輸の事業会社がつぶれても構わない**とおっしゃっていると解釈すべきでしょう。黙ったままでいいのですか」

※**シャウプ税制**　日本における長期的・安定的な税制と税務行政の確立を図るため、昭和24年にシャウプ使節団が来日。使節団は全国を精力的に視察し、シャウプ勧告書を提出。この勧告書の基本原則は、同25年の税制改正に反映され、より現状に即した調整が加えられ、国税と地方税にわたる税制の合理化と負担の適正化が図られた。出所：国税庁ＨＰ

と同業者に訴えたくなるような状況になりました。

二〇二〇年四月の四週間の緊急事態宣言の間であれば、私も得心し対応できていました。しかし、その緊急事態宣言が三週間延びたうえに、緊急事態宣言が終わった後も、とってつけたように、県境を越える移動は控えてください、という場当たり的な対応は、到底私には理解できませんでしたし、得心もできませんでした。それでも我慢しました。

そして、とどめは第二波の夏休み期間「故郷に帰省するな」と言い出したことでした。

失敗を認め、試行錯誤、決まったことは真摯に実行

この新型コロナウイルスのパンデミックという異常な事態の中で、世界中のすべての国が混乱していましたし、未経験の出来事なので、為政者も「これ！」という策がない中で、暗中模索でした。その渦中において、ある意味、どの対策が正解なのかについて、**事前に必要以上に議論することはナンセンス**であると私は思います。

スピードが大切なのですから。誤解を避けるために念を押しますが、あくまでも「必要以上に」です。

日本も憲法や、法体系や、国民性等の中で、「これ！」という決め手がない中で、何かをやらないといけませんでした（だから緊急事態宣言が発出されました）。そして、外国人の入国を制限し、感染症の二類に指定して、何がしかの対応をしながら（三密にならないようにして、ソーシャルディスタンスをとるようにして、マスク着用を推奨して、PCR検査を行ない、感染者を隔離して等々感染拡大防止策を行ない）、この新型コロナウイルスのパンデミック状態が、当初で言えば「終息する」かどうかを見極めました。（四週間をさらに三週間延長しましたが、結局ウイルス封じ込めはできなかったと判断しました）

そして、その対応が思った通りに行かない、つまり終息しなかったのであれば、「終息しない」前提の中で、社会的なマイナス影響を最小化する（医療崩壊に陥らないように）、社会として大きなダメージとならないような形（倒産が増えないように、失業者が増えないように、生活困窮者が増えないような施策を行ない）で次善策を講じていく。（県境を越えるなと言い、帰省を抑制しました）

こういうことを一般論としては「試行錯誤」と言うのでしょう。そういうことを**前向きにやり続けていくことは、私たち経営者にとって当たり前なこと**です。私はそれが「経営」、もしくは「マネジメント」だと思っています。

だからこそ、国民である限り（一人の社員である限り）、それ以上に、大きな社会的な責任を背負っている企業経営者である限り（一つの事業部門の本部長である限り）、機関決定されたら、為すべきことはしっかり対応していかないといけない、と思っています。

実際、私だけでなく、九割以上の国民、県民がそれぞれの立場でやるべき事をやってきました。**鹿児島の郷《ご》中《じゅう》※教育には「決した後に議を言うな」という教え**がありますが、議論して、決したら、事後的に批判的・非協力的な行動を取ることなく、決定したことを真摯に実行するべきという意味です。

問題は、緊急事態宣言が延長しても「終息」させることができなかったことです。すなわち、当初の戦略を基に考えた第一手は誤算でした。

当初の施策は失敗だったのです。しかしながら、誰もが「失敗だった」ことを受け入れません。**失敗したという共通の認識を共有して、次善策について議論しない、**

※**郷中教育**　薩摩藩固有の教育制度。方限《ほうぎり》と呼ばれる区割りを単位とした「郷中」と呼ばれた自治組織のそれぞれで実施された武士の子弟への教育。

すなわち、真の試行錯誤ができないのです。これは、そこにマネジメントが存在しないということです。

残念ながら、今の日本の社会は試行錯誤を許しません。話が長くなりますので、ここでは述べませんが、マスコミや政治的反対勢力を中心に無意味な責任追及をするために、真の試行錯誤ができないのです。

確かに、官僚制による問題点も見過ごせませんが、だからこそ、真の試行錯誤できる社会システムの構築がポイントになると私は考えています。

念のために言いますが、私は安易な施策の実行とその結果としての失敗を容認しているわけではありません。要は「無謬性の原理」のことを申し上げているのです。私たち経営者は、打つ手が必ずしもうまくいくと過信しないように自戒すべきと思っています。第一手が失敗しても、それを早めに認識しそれが致命傷にならないよう、どこが間違っていたかを分析し、リカバリーするように次の手を打ちます。哲学的に言うと**「可謬主義」と「再帰性※の法則」の重視**と表現できます。

あえて言いますが、この一年間で、マネジメントという感覚で、いい意味での試

※**再帰性**　投資家ジョージ・ソロスが見出した社会的事象における性質。操作機能でアウトプットされた「現実」が、認知機能のインプットとなり「認識」としてアウトプットされ、それが再び操作機能のインプットとなるという自己参照ループの性質により、現実が歪められていく性質。

行錯誤が行なわれていたら、状況はまだ良かったと思います。

残念ながら、為政に関わる人々やその類の組織には国をマネジメントしている認識は希薄で、国を統治（Govern）もしくは管理（Administrate）している感覚で、考え、行動していると思います。

また、為政に対する牽制機能も現代社会では機能不全と言っていいほど、働いていません。マスコミや野党もそういう点で大きな役割を担っていますし、学者や専門家という人々の存在も重要ですが、残念ながら役に立っていないと判断すべきでしょう。学者や専門家や官僚や大企業や大手マスコミの民僚的サラリーマンの人々も、この「無謬性の原理」の縛りから逃れられない弱点があります。見方次第では、**その人々がもたらす弊害は意外と大きいものです。**

対米開戦を決めた日本が、「短期決戦」でなければ勝算がないことを多くの政治家や官僚や軍人が共通の認識をしていたにもかかわらず、結果としてあの泥沼の大戦に陥っていった歴史と何かダブるものがあります。

大切なモノを守る行動こそ最も合理的である

※ここからは二〇二一年三月二十五日時点で少し記載します。

結局、一回目の緊急事態宣言が発出されて、一年になろうとします。一月に発出された二回目の緊急事態宣言が、三月二十一日に終了しても、状況は何も変わっていません。

無責任な一部の為政者とマスコミと学者は「リバウンド」なる用語を創作し、移動抑制等の従来通りの方法論で「収束」なる状態を実現しようとしています。変異株も人々の恐怖心をあおる材料となっています。

先見性のある学者は、第四波に言及し始めました。案の定、大阪府は第四波対応で、まん延防止等重点措置が決定しました。

変異株も従来通りの封じ込めを正当化するための好材料になっています。

「八割おじさん」こと、西浦博・京都大教授（感染症疫学）が一回目の緊急事態宣言が失敗した時に、「八割の抑制が達成できなかったから、封じ込められなかった」と自分だけ、いい子になってテレビで記者会見していた時を思い出します。

小池都知事は「都民の気が緩んでいる」「若者に自覚乏しい」等と注意喚起を促し、他の一部の県知事と一緒に「マスク飲食」や「家庭内黙食」を要請しています。

結果を失敗と認めず、結果が出なかった事実に対して、方策の是非や問題点等について検証し善後策を合理的に作り上げることをせず、その策の遂行の不十分度やその策の実行者（ここで言えば国民、県民）の能力不足や自覚不足のせいにする経営者（トップマネジメント）は、その会社を倒産させます。

この国は、為政者だけでなくマスコミや言論人等、牽制の役割を担っているセクターの人間も、そして集団（塊《かたまり》）としての国民も、太平洋戦争の時に犯した失敗から多くを学んでいないのでは、と感じます。

皮肉なものです。**一人ひとりの日本人が、自分や自分の身近な人や自分の所属するコミュニティーや組織を守るために取っている判断、それに伴う行動こそが、最も合理性があると私には思えます。**

コラム

「悟性」磨きのススメ❸

「悟性」とは、英語のUnderstanding、ドイツ語のVerstandの西周《にしあまね》による日本語訳だそうだ。

禅の用語で「ごじょう」と読む。

知性や理解力が同義語であるが、「知性」「理性」「感性」に比べて認知度が低い。

カントやヘーゲルが悟性に哲学的定義を与えている。現代的には「悟性」は、(論理学では) 理性や (精神現象学では) 自己意識として解釈される。

私は、「人が考える」という行為を行なう時に「知性」「理性」「悟性」「感性」の４つをもって考えている、と考えるようにしている。

そして、「理性」と「感性」の中間にある「悟性」をどう使うかが大切だと思っている。

「人は考える葦《あし》である」と天才パスカルは言った。その人は「考えること」を考えてきたのだろうか。

この国の教育は知識偏重(「知性」優先) になっているが、その結果、考えることを知らない日本人が増えているように思う。

第４章

「無謬主義」がもたらす理不尽

～自分の頭で考えることの大切さ～

無責任が生み出す、結果論としての無策——1

一人ひとりが合理性をもって行動することが大切

この一四カ月経った今、済んだことに関して、ああだこうだ言うつもりはありませんが、実行し、それの結果を検証し、それをフィードバックし、次善の策に反映するような連結性のある対策は皆無で、試行錯誤されませんでした。

ただただ戦略性を欠く、ミクロを優先した視点で俯瞰することもない策を弄《ろう》し、結果として限られた者、特定の業種の事業者にツケが回る。当然に「収束」せず、長期的対応策であるワクチンによる集団免疫形成が即効策として誤解され、ワクチン待望論が社会を支配しています。ワクチンがいつ社会を正常にしてくれるのか具体的に予見する人は誰もいません。

しかも、いつまで我慢すれば、何をどこまで我慢すれば、どう自分に都合のよい状況を創ってくれるのか、というような合理的説明も一切ありません。「命か経済か」も経済合理性を基本に科学的にアプローチしているようにも見えませんし、今後も場当たり的に実行される、という危惧される状態で変わっていないように思われます。

その中で、一人ひとりの国民そして都道府県民は、「命か経済か」、という命題に対して、それぞれ合理性を持って適正に行動しているように私には思えます。そして、今、第四波騒動が始まっています。**一人ひとりの人間が、それなりに賢くかつ自律的に振る舞っている中、それが、社会全体の多面的な観点からの最適解に結びついていないのが現状です。**今の日本社会は、賢い社会システムとなり得ているのでしょうか。

投資家として有名なジョージ・ソロス氏は、可謬主義的な思考をもって、イギリス銀行との闘いに勝って大儲けをしたと聞いています。日本のみならず世界のほとんどの先進国において、（とくに日本は）可謬主義の反対の概念である「無謬性の原理」

の束縛から逃れられない社会に成り下がり、そのため、**試行錯誤ができず、間違いがフィードバックされず、次の策に活かされない状態にある**と思います。すなわち、間違いが存在しないという虚構を誰もが是とし、間違いの上塗りが行なわれていても、それに目を向けない社会システムであるがゆえに、こういう状況に陥っていると言えます。

真に賢い人間は、自分も時には間違うことを自覚しているはずです。真に智恵ある社会になれるかどうかが、日本が、日本人が、新型コロナウイルス禍を克服できるキーになるのではないのでしょうか。

「中庸」という中間的な徳

従来、私は我が国の中央集権官僚国家体制の「無謬性の原理」に呪縛された国の経営のあり方に関して大きな問題を感じています。まさしく、シュンペーターが予言しているように、「資本主義が発達した社会においては、無人格の大企業においても官僚主義がはびこり、現代日本社会が、霞が関だけではなく、マスコミも、そしてマスコミおよび世論を意識している政治家までもが、『無謬性の原理』に囚われている」と考えています。

今の社会は、自分たちが行なおうとすることが間違っているかもしれない、だからオプションを準備しておく、もしくは実行したことが少し間違っていたなと認識したら、その間違いをフィードバックして次のアクションに活かす、といった人間が本当に少なくなりました。そのため、新型コロナウイルスのパンデミックのような未経験の危機への対応が核心をつけないために、このような社会の状態が続くのであろうと思っています。

ジョージ・ソロス的なアプローチ、つまり「可謬主義と再帰性はセットである」という前提でいけば、前述したように社会が新型コロナウイルスに侵されないようにするために人の移動を制約することで人々の生活が歪められるという事象は、結果的に新型コロナウイルスに罹患しなくても他の病にかかり治療のために飲まされた薬の副作用で死にそうになる、という事象を連想させます。

どちらの行為で社会が崩壊していくのかという正解のない問題にあえて正解を一

つに設定するような行為です。
ただただ、軽佻浮薄に「命か経済か」と論じる現代社会は知識一辺倒で悟性《※ごせい》に乏しい人々で構成される、はなはだ劣化した社会になってしまったような気がしてなりません。

東洋にも西洋にも（微妙にニュアンスは違いますが）、「中庸《ちゅうよう》」という概念があり、これは足して二で割るということではありません。東洋のそれよりも西洋の「中庸」のほうがわかりやすいと思いますのでご説明いたします。たとえば、アリストテレスの事例を取り上げれば、「勇気」は「徳」の状態に関して「蛮勇」と「臆病」の**中間的な状態**であり、その状態を「中庸」と言い、発言や行動に出てきたこの状態は「徳」として認知されます。

他人に責任を丸投げしてはいけない

現代人が体験したことのないパンデミックの中で、人々は専門家やＷＨＯ、国家

※**悟性**　コラム参照（50ページ）

機関から出てくる情報のみを盲信し、もしくはそういう人たちに責任を丸投げしています。自分たちは自分たちの頭で考え、アリストテレスの言うところの「フロネシス」※を積み上げようとしないことは、「命か経済か」のような浅薄な議論の中で社会が動いていってしまった一因と言えます。

権威側の人間や為政者、もしくは政府に全責任を負わすつもりはありませんが、結局、現代はそういう類《たぐい》の情報操作・印象操作が可能な社会であるという意味で、二十一世紀に入っても、あまり人類は賢明になっていないのではないかと思います。

買占め騒ぎもそうです。マスクとトイレットペーパーがどう関係するのか、ちょっと考えればわかることですが、マスメディア等であおられれば人々はスーパーに走ります。人が本当の悟性を獲得することは難しいことなのだと改めて感じます。

だからこそ、私たちは、あやまちを犯す可能性を前提に、新型コロナウイルスのパンデミックのような、人類として未経験な危機に対処していかなければならないと私は確信しています。

※**フロネシス**　勇気は蛮勇や臆病の中間的な状態である時はじめて徳として現れる。アリストテレスによれば、この両極端の中間を知る徳性が思慮（フロネシス、実践知）である。出所：Wikipedia

現代の侵略——2

かつては外国からの改造を甘んじて受けなかった

この国は、外からの「侵略」もしくは「侵入」と表現される外からの禍は、歴史的に言えば限られています。

一回だけ、この国は外からの勢力によって、この国自体を改造させられるほどの侵入を受けました。これはある日、突然先方、つまり米国が侵略し占領したわけではなく、日本が驕《おご》り狂って国家戦略もなく外国に侵出して、結局は太平洋戦争という大きな戦争を起こしてしまい、そして敗れた帰結としての侵入・占領です。

米国の侵入と占領についての解釈に関して、いろいろありますが、表層的には、軍国主義・アジアを侵略する国・天皇陛下の国から、民主主義・平和の国に改造されたと捉えるのが主流になっています。

ただ、私が思うに、この解釈は間違っているとは言えませんが、次の解釈も絶対に忘れてはなりません。**「二度と米国に逆らわない国に改造させられた」**ことであり、このことは財閥解体・公職追放・言論統制・非軍事化・民主主義教育等々の事柄を使って合理的に説明できます。

帝国主義的な戦争、すなわち、裏には日本を含めた地球上の国や民族等の経済的利権に関する勢力争い、マーケットと資源を求めて支配権を獲得するための経済の争いが約八〇年前にあり、それに日本が敗れた結果、国家資本主義的な視点で、米国もしくは欧米の戦勝国に日本（日本の資本）が歯向かえない、歯向かわないように改造させられました。

しかしながら、この国は、その改造を甘んじて受けたわけではありません。米国からそういう改造を強いられていながら、占領者が変えられないもの、もしくはあえて変えなかったものが多くありました。たとえば、憲法は変わりましたが、法律はほとんど変わっていませんし、天皇陛下は象徴になりましたが、皇室典範《てんぱん》は変わりませんでした。残りの統治機能や組織のほとんどは温存されました。「公職追放」により、主だった指導者層はパージされたことになっていますが、現実には、中央集権国家としての多くの組織はその構成員を排除したら国家経営はできなくなることを理由に、その組織の構成や体質は温存されました。

ただ、前述した「二度と米国に逆らわない国」にするために、たとえば、教育等はピンポイントでかなり矯正され、教育に関する原理・原則は当然、教師たちの思想改造も行なわれました。日教組は占領軍が作ったものと仄聞しています。国や地域（コミュニティー）や組織の根幹である人づくりを根幹から改造されました。結果論ですが、日本はこれにより人財・人材育成に関して大きな欠陥を持つことになったと私は捉えています。

外敵に対する独立国としての自覚と危機意識

こういう観点で外患を見ていくと、過去、日本に来襲した外敵の一番目が元寇《げんこう》であり、これは神風が吹いて元寇の侵入を防いだことになっています。しかし、最近の日本史においては、神風だけではなくて、日本の武士という戦闘集団の戦闘能力は非常に高く戦略も優れていたとのことで、単なるラッキーだけでなく、当時の鎌倉幕府には外患をはねかえすだけの力があったという説もあります。いずれにせよ日本は元寇を排除できました。ただその歴史上の評価については合理的に検証されていません。

二番目が黒船であり、黒船は「外からの侵略か？」という点において微妙と言えます。確かに最初に来たのは米国ですが、米国は日本を植民地にしようと思って来たわけではなく、貿易と捕鯨のための食糧・燃料・水の補給のために来日し開港を迫りました。あまり日本史では触れられていませんが、米国だけではなく、その後に日本が不平等条約を結んだ国は、仏国や英国があり、意外にも米国よりも早く日本に来ていたのは、露国《ロシア》です。これらの国が日本の植民地化を狙っていたのかは微妙ですが、幕末期に日本は侵略されませんでした。彼らに侵略の機会さえ与えなかった事は事実です。

このあたりの外敵に対する独立国としての自覚と危機意識が明治維新につながっ

ていきます。日本が一番意識したのは、（一八四〇年清国の）アヘン戦争を通して、欧米に蹂躙《じゅうりん》されていった清国のケースであり、日本はそうならないようにという論点がベースとなり、徳川幕府から新しい政体を求めて、いろいろな出来事が起きて、明治政府が誕生します。これも外からの侵入を好きにさせなかった事例です。

日本なりの方法で、日本自身がその政治・社会構造を変えることにより、他のアジア諸国のように欧米の植民地にはなりませんでした。繰り返しますが、その理由は、一つは清国の前例を見ていたこと、もう一つは、中国のようにならないようにという危機感をもち、多くの人々がいろいろな思惑の中で動いた中、日本という国の独立を守らなければならないという共通の認識が優先事項となり、明治維新が成功したからです。

いろいろな思惑で動いた日本人の中で、外国の威を借りて事を成就しようとした日本人が皆無であったことは、欧米の列強の植民地にならなかったことの重要な側面だったことも知られていることです。

ただ、本編での本題ではありませんが、その時に日本は、何かを失いました。その失ったものの大切さを知らないがゆえに、安易に欧米列強と同じように、ただただ資源と市場とを求めて、戦略なき、植民地政策を是として国を運営しました。その政策は日本における貧富の差を生み出し、より膨張政策を取らざるを得ないこととなり、結局、太平洋戦争に突入していったと言えます。

日本の一連の外敵と、今回の新型コロナウイルス感染を同列で比べることはできないのかもしれませんが、私は、あえて同列に見るという手法を採用して検証すべきと思っています。

すなわち十九世紀後半から二十世紀に発生した外患は、いまだに形を変えて地球上に存在しています。

イスラム教とキリスト教、エネルギー資源とシーレーン問題、南沙諸島問題等アジアと中国、台湾と中国、北朝鮮の脅威、日韓問題、旧社会主義国家だったロシアと現共産主義国の中国の二つの大国の脅威、そして欧米の先進国との経済問題、国連主義やグローバルスタンダードの問題。もちろん表面上は、国連が存在し、かつG20の枠組みに日本は属していますから、少なくとも世界の紛争地域で起きているような戦争の当事者になることや、元寇や黒船来航のような外敵の侵入は起きないとは思います。

もちろん二十世紀的な武力による外患について、尖閣諸島への中国侵攻はあるのかもしれませんが、尖閣周辺で日本と中国が戦争状態になったとしても、本土への侵攻は当然ないと考えます。ただ、北朝鮮からミサイルが飛来するか否かは微妙です。

このような二十一世紀の外患・外敵は、三つのカテゴリーに分類されると思います。

一つ目は国際的な経済摩擦や紛争の問題に日本としてどう対処するかというもの。二つ目は局地的な戦争の危機や日本固有の安全保障の問題、三つ目は温暖化や今回のようなパンデミック等の人類としての危機にどう対応するのかの問題、です。

危機を外患と捉えている日本人は少ない

縷々《るる》説明したように、この国は外敵というものに対して、たった一回を除いて侵略されたケースがありません。

この一回について拡大解釈して米国の占領を「侵略」とみなせば、マッカーサーが来て米国にとって都合のいいように日本を改造しましたが、被侵略者としての当事者である私たち日本人の多くは、あのGHQの占領を侵略と思っていないと言えます。ましてや、温暖化やパンデミックのような危機を外患と捉えている日本人は少ないのではないかと考えます。

GHQの場合、本質的には、侵略以上の国家改造を米国から施されていると私は思います。一般的には「収奪」のためになされる行為であり収奪されていないから「侵略」ではない、と人々が認識しているだけのことであり、侵略の定義を変えれば、あれも「侵略」と言っていいのではないでしょうか。

新型コロナウイルスに話を戻せば、日本は元寇のように水際で撃退できませんでした。新型コロナウイルスは国の全域にまん延し、大きなマイナスをもたらすこととなりました。そして、一四カ月経過した現時点においても、我が国では新型コロナウイルスによる侵略と占領状態が続いています。

米国の占領の時と同様に、日本人もしくは日本の為政者や官僚や言論人やマスコミは、侵略者に対してその危機の本質について合理性をもって分析し、守らなければいけない部分に関しては、徹底して抗戦することができていないように見えます。日本のそういう立場の人たちは、**意外と侵略者の日本国民からの収奪に関して寛《かん》恕《じょ》なのではないかと疑いたくなります**。

WHOの対応に問題があったり中国と米国の対立が生じたり、いろいろと難題がある中で、日本独自の戦略なくして、新型コロナウイルスとの闘いにおける最小の犠牲での「勝利」はないと思います。

この国は「勝利」のためであれば、どれだけ犠牲を払ってもいいと思っている輩《やから》が多いかもしれません。太平洋戦争における日本の為政者や軍人の思考回路を例にすれば賛同いただけると思います。

目的と手段の逆転による不幸な結末はよくあることです。新型コロナウイルスとの闘いでの真の「勝利」をよく考えないといけません。

ワクチンにしても、外国製ですし、治療薬についての研究等、国策として対応されていません。**最小の犠牲での「勝利」の定義も大切です**。

私は、アフターコロナ云々の話を好ましく思っていません。計らずもＧＨＱが当時の日本人に行なった洗脳政策と同質のものかもしれないと危惧するためです。

あくまでも**アフターコロナは、基本、日本人の一人ひとりが自分の頭で考えるものであり、国や言論機関は当然に国益・国民益を第一義とし、邪《よこしま》な思惑を排除して考えるべきです。**

国際機関や偉い学者やシンクタンクの御高説を無批判に受け入れることは賢明とは言えません。他の外国の勢力はもちろん、ＷＨＯでさえ、彼らは彼らなりの思惑を隠していることは少し考えればわかることです。

アフターコロナで、再び、この国が外敵に都合よく改造されている危険性を考慮することを銘記すべきです。

余談ですが、環境問題や貧困不平等をテーマにしているＳＤＧｓも同じだと思っています。

検証と反省ができない日本の学習能力――3

マネジメント能力や学習能力が退化している?

中国で新型コロナウイルスの話が出たときに、日本の統治システムの関係者、具体的には厚生労働省の役人、そこを所管する担当政治家、安倍政権中枢等が、二つのミスをしたと考えるべきではないでしょうか。

一つがこのウイルスが世界にパンデミックを引き起こすような、とんでもない脅威だという認識を持ち得なかったこと、二つ目が侵入者の脅威を、細心さをもって科学的に分析し、合理的に見積もることを怠っていたため、過去のSARS・MERSと同じように（新型インフルエンザの時は微妙に違いますが）、水際で、この国の中に入れないですむと楽観視していたことです。この二つのミスが後手に回った原因と考えます。

それでも、結果的には、その後の欧米の国ほど罹患者は増えたわけではありませんし、重症者や死亡者も増えたわけでもありませんから、この初期対応に関しては、ミスがあっても、合格点ではありませんが赤点でもないと言えます。

問題は検証と反省がなされないまま現状に至っていることであり、それが現状をして、議論百出の中で、戦略的な対応に関して政権中枢、政権与党、行政機構およびその関係者、そして国民のマジョリティーのコンセンサスもいまだ得られないいまドタバタになっていることの真因ではないかと思います。

このことは、私に、満州事変とか盧溝橋《ろこうきょう》事件とか、いくつかの局地的な事件が国を挙げての大ごとに発展していった歴史を想起させます。

明治維新の時、生麦事件とか下関事件とか、多くの事件が起こり、その段階で国内は、尊王・佐幕、攘夷《じょうい》・開国、と世論は割れていたものの、そういう具体的な局地的なトラブルをうまく対処しながら、その時に得たものを次に活かしていました。

たとえば、薩摩藩で言えば薩英戦争で英国に大敗を喫して英国の凄さを知り、英国から物や技術を導入することを積極的に行ないました。幕末の日本人より、今の日本人は、マネジメント能力や学習能力が退化しているのではないかと思わずにはいられないほどです。

よりよき解決をできるだけ早く見出すために

ダイヤモンド・プリンセス号の事案については、いろいろ申し上げたいことはありますが、横浜港に泊めて、水際作戦の中で、感染者数を増加させていった一連の対応に関して、**いいとか悪いとか以前に、検証と反省、検証結果をその後の国内の対策にどう活かしていったのか、少なくとも私の知る範囲ではうかがえません。**

実際、いろいろと問題はあったものの、そこから(船から)国内に新型コロナウイルスが拡散しなかった点においては成功と言えるでしょう。しかし、何も知恵を得ておらず、また、それが活かされていないこと、そして一時的にでも諸外国から日本の対応を貶《けな》されたことを合わせ考えると、はたして成功であったと言えるのか、疑問が残ります。

しかし、それ以上に疑問があります。当時、ダイヤモンド・プリンセス号に日本人のすべての注目が集まり、その対応で、「水際がすべて」と強調されていました。その一方で、一説によると二〇一九年の十月から十一月には中国・武漢で広がりはじめて、武漢を閉鎖した時には、新型コロナウイルスが、すでに中国のかなりの地域に感染が拡大していました。その折、島国の水際作戦的なものと大陸における都市封鎖を同一視して、日本政府が対応策を決定したことです。

つまり、その時点での状況分析が不十分なまま、実態を踏まえず、武漢の都市封鎖をただやみくもに信じて、武漢のある湖北省からの入国だけを禁じて、水際でウイルスの侵入を防げると判断したのです。そして、残りの中国からは旧正月に山ほど中国人を入れました。

具体的にはインバウンド観光客として中国人が北海道等に多数入って、そこから感染者が増えたことに関しては、すんだことではありますが、ダイヤモンド・プリンセス号云々でなく、「水際対策がなぜ失敗したのか」という検証と反省がなされていません。

一方で、台湾は、旧正月前に入国を制限したことにより全く感染拡大していません。（二〇二〇年度において）

日本においては、その後のイタリアやスペイン、米国のパンデミックの状況と比して、さも日本の対応において失敗はなかったかのように認識されています。しかし、それは**欧米の指導者が大失敗をしただけのことであり、その大失敗をした国々と比して、よりましだったから日本は成功している、と判断することはお門違いと言わざるを得ません。**

欧米の指導者の大きな間違いは、初期の段階で「所詮、このウイルスはアジアの中で留まるものだ」と高を括《くく》ったためであり、そのために各国内でパンデミックが発生し、国の医療体制が崩壊しそうな状態に陥り、仕方なくロックダウンという方式で対応していきました。

その後、欧米と日本では、明らかにこういう結果の差になっていることに関しては、諸説があるので、医療関係者でもない私が必要以上の話をすることはできません。

しかし、どうしても、この国においては、自分に都合のよい事と相手にとって都合の悪い事だけを捉えて、それを外国の事例との比較論的な理屈を適用して、「日本人は勝っている」「この政権の対応がどうだ」「誰が悪いとか正しい」等の話に誘導していきます。

このように、やみくもにWHO等の国際機関の権威を盲信し外国の事例を都合よく出すことは、恥ずかしいほどのオポチュニズムではないでしょうか。

外国の事情を都合よく解釈し権威付けのためだけに引き合いに出す反面で、それまでに得た情報を科学的に分析して多くの関係者の衆知を集めて合理的にアプローチすることができていないように思います。

知識は智恵の一部であるのに、**知識偏重で議論が為される結果、論議が担当部署や一部の専門家の思惑に大きく左右され、智恵が集まりません。**時間軸的にも、前提となる条件や状況分析等がフィードバックされず、よって、ラーニング、アンラーニング両方の効果が活かされていません。

これらの多くの問題がある中、私たち日本人は、よりよき解決をできるだけ早く見出す必要があることは衆目の一致するところです。

先が見えない状態が一四カ月続いた結果、起きていること

しかしながら、憲法違反的な制約・制限を設けて国民の行動を制限・抑制する、だから、素直に「ハイ」と言えないことは少なくありません。

そして、それを日本人は、よく辛抱し、耐えてきました。

しかも、そういう状態が、先が見えない状態が一四カ月続いているのです。

特記すべきポイントは、二点あります。
一　普通の人々は、その辛抱がいつまでなのか先が見えないこと
二　現時点においては、辛抱でおさまらない人々、つまり、事業が立ち行かなくなっている事業者、生計が立てられなくなっている人々、生活ができなくなっ

ている人々が少なからずいること

二に関して言えば、大方の業種のビジネスの状況は、コロナ禍以前に戻ったと思いますので、観光・運輸・飲食関連のみが、ひどく傷んでいると思います。

私が経営する企業体は、観光・運輸・飲食を中核企業とし、従業員が二五〇〇人ほどいます。家族をいれると七〇〇〇人程度はいると思います。

このような状況が続き、また公に然るべき形で何の救済もないとしたら、私たちはこのまま座して死すべきなのでしょうか。

コラム

「悟性」磨きのススメ❹

現代は、長い人類の歴史の中で輩出された多くの天才や哲人たちの「理性」「感性」「悟性」「知性」によって発見された真理や生み出された技術や思想や論理の成果の上に成り立っている。

私は「悟性」を他の３つと同等に位置付けているので、「知性」を、一般的な「知性」の概念としてではなく、「知識」「記憶」に近いものとして捉えている。

社会を１人の人間とした場合に、その社会の「知性」は、過去の天才、哲人たちの作り出した、見出したものの体系化した知識の集合体でしかないと思っている。

だから、専門家、学者、識者の権威に必要以上に服従するつもりは私にはない。

彼らの持つ「知性」を利用し、社会がどうあるべきかを考えるのは、今を生きる私たちの「悟性」「理性」「感性」だと思う。

67 歳まで、自分なりに「悟性」「理性」「感性」を、私は磨いてきた。

第5章

「観光、観光業」への理不尽

～観光のあり方～

踊らされる観光業──1

※本節は、二〇二一年三月十三日以前に起稿したものですので、状況が現在と異なりますことをご了承ください。

パンデミック対策に懐疑的になる、二つの根拠

鹿児島の観光は、新型コロナウイルスにより、二〇二〇年二月から（全国よりも一カ月早いのですが）被害を受けています。

ダイヤモンド・プリンセス号が一月二十二日鹿児島に寄港した際、ウイルス感染者の香港人乗客が下船し、鹿児島市内のツアーに参加したことが全国的に報道されたことにより、鹿児島の観光は風評被害を受けました。

それ以降はご存じの通りで、この新しいウイルスは日本のみならず、人類史上初となる地球規模のパンデミックを引き起こし、人類は、医療の危機、経済の危機、心理的な危機に巻き込まれ、しかも一四カ月以上経過しても、その状況をコントロー

ルしきれていないという異常な状態が続いています。

さらに、将来展望についても、すべての先進国がワクチンに多大な期待をかけた、願望論と言っても過言でない政策をパンデミック対策の主軸として推進していますが、私はこれを個人的には懐疑的に受け止めています。

拙意ではありますが、その根拠が次の二つです。

一つ目が**「収束」の定義**です。正確に申し上げれば、どういう状態を「収束」と言うのかということです。最近の人類と新型ウイルスの攻防で言えば、SARS・MERSのように、ほぼ完全に封じ込めることができたケースと、新型インフルエンザのように、封じ込めが不可能なことからワクチンと治療薬と社会の公衆衛生的対応の合わせ技で、ウイルスによる被害を最小化しているケースと、二分できます。

後者である新型インフルエンザは変異株であることと、ワクチンで獲得できる抗体が数カ月で消滅するため、毎年ワクチンを接種しなければウイルス対策として完結性がなくなることから、治療薬と感染者の隔離の合わせ技とならざるを得ない事情があります。そのため、変異株であること、抗体が数カ月で消滅することから、

新型コロナウイルスのワクチンも新型インフルエンザワクチンと同じに合わせ技の対応が必要であると私は考えています。

余談ですが、本来、ワクチンによって出現する抗体は、一生体内に存在するという既存概念を根底から打ち壊す新型ウイルスの恐ろしさと対応の困難さを改めて痛感させられます。

以上のことから新型コロナウイルス対策で「収束」と言える状況が現実味を帯びるためには、ワクチンだけでは困難であると私が考える根拠がここにあります。ちなみに「終息」と「収束」とは異なる状態です。当初は「終息」と言っていましたが、いつのまにか「収束」に変わっています。

二つ目は、**ワクチンの確保**です。現在、世間で言われているワクチンの安全性や副反応等の問題ではなく、我が国のワクチンの調達力の問題です。未詳ですが、日本国政府はファイザー、アストラゼネカなどから二億人分のワクチンを調達すべく契約済と仄聞しています。

しかしながら、世界的供給不足の状況下、契約が外国の製薬会社の約束通りの供給を担保するかについて、私自身オーナー経営者として、逆風の厳しい経営を強いられ、いわさきグループを防衛してきた私のリスクマネジメントの観点からすれば、はなはだ緩慢に国策が進められていると危惧せざるを得ません。

実際、ワクチンに関する政府の方針も、この一年間で当初の方針から大きく変更され、時間軸においても大きくずれ込んでいます。

一例を申し上げますと、二〇二〇年八月に安倍政権は、ワクチン接種に関して、二〇二一年前半までに国民全員分のワクチン確保を目指すとしていましたが、現時点では六月より六十五歳以上の高齢者三六〇〇万人を対象として本格的に接種開始するとの政府方針が発表されています。しかも、三週間後に二回目の接種を行なうという方針は変更されていません。

はたして、今年六月から一人二回分、七二〇〇万回分のワクチンの然るべき期間内での調達は可能なのでしょうか。

仮に可能であるとして、次のステップの六十五歳未満の接種において対象者を五〇〇〇万人と低めに見積もっても、一億回接種分のワクチンが調達可能となる時期はどうなるのでしょうか。二〇二一年中に可能なのでしょうか。

それこそが肝要です。なぜなら、現在のワクチン救世主論は、前述の「収束」なる状態が一定割合の国民へのワクチン接種によって集団免疫が近い将来に実現することが大前提となっているからです。

この「近い将来」はいったいいつになるのでしょうか。それが数カ月後なのか、一年後なのかで「収束」が意味するものが大きく変わるのです。

「収束」は私たちが考える「収束」なのか、異なる「収束」なのか、そしてその時期は、それらが、私にとっては重大関心事であります。「終息」でないことは皆が知っています。

報道等に基づく不確実な情報ではありますが、日本人一億二〇〇〇万人が集団免疫を獲得できる一億二〇〇〇万人の七〇パーセント、約八〇〇〇万人分のワクチンを二〇二一年中に調達かつ接種できるのかについては楽観視できず、そのために、経営者としてのリスクマネジメントの観点から見れば、私たちがイメージする「収束」なる状態が、現在、マスコミ等で言われている時間軸で実現するという予見に率直に同意できないのです。

国内において、コロナ禍での経営環境が一カ年を超え、その経済的ダメージは一部の業種・業界に限られてきました。二〇二〇年十月から十二月の業績を見ても、製造業、ＩＴ関連、小売業は指標として増益であったことから、数字としても裏付けられています。

一方、観光・運輸・飲食・サービス業は、第三波なる感染者拡大および二回目の緊急事態宣言で更なるダメージを被り、極限状況にあり、存続が脅《おびや》かされています。ですから、ワクチン効果による「収束」という状態の実現が、はたしていつとなるのか、人の移動が抑制されて、この状態がさらにあと何カ月続くのか、死活に関わる重要なファクターなのです。

長期的にみれば、新型コロナウイルスも、新型インフルエンザと同様に人間社会は、その影響を最小化し、コントロールすることができると考えます。しかし、観光・運輸・飲食・サービス業は、それまで耐えられるのかどうか危ういと考えます。

ワクチン接種が、日本人の何千万人に実施されたら、外出自粛要請という人の移動の抑制は要請されなくなるのか、その人数の日本人がワクチンを接種できるまで何カ月かかるのか。その状況は、いったい、二〇二一年の何月もしくは二〇二二年なのか。繰り返しになりますが、当該業種の関係者にとっては重大関心事です。

そして、仮に、それが二〇二一年中であったとしても、そこまで、この苦境を凌《しの》いで、食いつなぐことができる事業者は決して多くないと考えられます。

ワクチンのみでは普通に事業をできる環境にはならない

ＧｏＴｏトラベル再開は、観光・運輸の生き残りにとって大切な政策ですが、総論として、移動への抑制が社会的な要請とされている環境が、ただただ旅行や外食を反社会的行為とする風潮を形成しています。それが解消されなければ、観光・運輸の事業者は本当の意味で存続可能性を獲得できないと私は考えています。

世間はワクチンで「収束」という状況が可能と言う見方をしていますが、ワクチンのみで、観光・運輸の事業者が普通に事業をできる環境が出現するとは私には思えませんし、そのワクチンも二〇二一年内では集団免疫獲得までは困難であると考えています。

前述しましたが、二〇二〇年八月二十八日の時点で、安倍政権は国民全員分のワクチン確保を目指すとしました。その裏付けが、ファイザー社と二〇二一年六月までに六〇〇〇万人分（一億二〇〇〇万回分）の供給で基本合意（二〇二〇年七月三十一日厚生労働省発表）、アストラゼネカ社とは、一億回分以上の供給合意（同年八月七日の報道）であったと推察できます。

実際、その後の二〇二〇年十二月十日に、厚生労働省はアストラゼネカ社と一億二〇〇〇万回分のワクチン供給契約し、二〇二一年三月三十一日までに、三〇〇〇万回分を確保する計画、と発表しました。

しかしながらファイザー社との契約締結は、ほぼ半年を要し二〇二一年一月二十日になってから厚生労働省より発表されました（期限、数量は二〇二一年中に七二〇〇万人分、一億四四〇〇万回分）。最近になって、ファイザー社のワクチンの問題点が浮かび上がってきたようですが、しかしながら、保存に関しマイナス四〇度でなければならないことは数カ月前からわかっていたことですし、特別な注射器を使わないといけないこともわかっていたはずです。

政府もしくはマスメディアから最近になって散発的にそういう情報が国民に伝わります。いまだに「民は由《よ》らしむべし、知らしむべからず」（『論語』泰伯第八）が、権力・反権力の両サイドの情報権力者の民衆操作手法の要となっていることは残念なことです。皮肉を込めて言えば、現代には簡易な伝達手段としてSNSがありながらです。

順調に行っても収束状態は二〇二一年末までかかる

私の、と言うより民間人であり経営を行なっている企業の存続に最終責任を負わなければならない経営者の、リスクマネジメントを含む経営判断は、そういう公の場に曝《さら》されている情報のみで実行されるわけではありません。

一方、限られた人のみ知り得るインテリジェンス的な情報は、一般的には入手不可能であり、かつビッグデータを駆使し、重要な判断材料を優先的に獲得することも困難です。

だからこそ、今わかっていることや公の場で共通に認識されていることを、すでに自分で獲得している知識や知恵を活用して分析や解析して、**正しい判断材料となると思えるものを自分なりに決めて、経営判断を行なうことが経営の要諦**となります。

あくまでも推測ですが、私は、厚生労働省はファイザー社のワクチンを国内でライセンス生産を行なって必要量を調達する予定が、何らかの理由で、ファイザー社から拒否されたのではないかと考えています。

そもそも、マイナス四〇度で管理しないといけないワクチンを一億二〇〇〇万回分、専用のコンテナに入れてベルギーから短期間で輸入することのフィージビリティは、普通に常識で考えてみれば懐疑的にならざるを得ません。（私は不可能だと断定しているわけではありません）

私の経営者としての立場を考えれば、おそらくできないだろうと考えて、**そのできないことを前提に会社の経営を考える**ことが、リスクマネジメントの観点からすれば、会社を倒産させないですむだろうと申し上げているのです。

この緊急事態時に、ファイザー社のワクチンについては、二〇二〇年七月三十一日に基本合意したにもかかわらず、契約締結が二〇二一年一月二十日とほぼ半年も要していることは不自然です。逆に、武田薬品工業社とモデルナ社とは、五〇〇〇万回分の供給（輸入か国内生産かは不明ですが）を賄《まかな》う前提で、二〇二〇年十月二十九日に契約締結しており、六月の供給開始を目指し供給直前の五月末に承認予定とのことで、その可否は承認次第です。（二〇二一年五月二十一日特例承認されました）

また、アストラゼネカ社については、二〇二〇年十二月十日に一億二〇〇〇万回分を供給する契約を締結していますが、三〇〇〇万回分が輸入で、九〇〇〇万回分は二〇二一年七月完成予定のＪＣＲファーマ社という会社の神戸の新工場で生産されることになると発表されています。

以上から、政府が確実に調達可能なワクチンは、二〇二一年六月で、ファイザー社のワクチン契約一億四四〇〇万回分のうち、七二〇〇万回分（三六〇〇万人分）だけだと考えられるのです。

二〇二一年中の調達は、政府の思惑通りに事が進んだとして、ファイザー社の残った分七二〇〇万回分（三六〇〇万人分）とアストラゼネカ社の輸入分三〇〇〇万回分（一五〇〇万人分）とモデルナ社の五〇〇〇万回分（二五〇〇万人分）になると想定されます。

※右記は三月六日時点での私の予想です。

以上の、調達が最大にうまくいって、二〇二一年中に合計で一億一二〇〇万人分になります。すなわち、理論上は六月から十二月までの七カ月間で一億一二〇〇万人に接種して「収束」と言える状態が出現すると考えてもいいはずです。しかし、もしも接種が順調にいかなければ、一カ月、二カ月と遅れることは言うまでもありません。（この本では、接種の問題にはあえて触れません。出版された頃には、その状況は見えてきていることでしょう）

調達が順調にいって、接種が計画通り実行されても、収束となる状態は二〇二一年末までかかりそうです。

一方、二〇二一年三月五日付のニュースで、イタリア政府がアストラゼネカ社のワクチンのオーストラリアへの輸出の禁輸措置をとりました。WHOも世界的なワクチン供給不足を大きな問題として捉えつつあります。現在一〇〇パーセント海外へ依存している日本が、二〇二一年内に確実に一億一二〇〇万人分調達できるかどうか楽観できない状況です。

ちなみに、シオノギ製薬が二〇二一年六月から国産ワクチンの製造を始めるべく努力中と仄聞しています。米国のファイザー社の国内工場で生産されたワクチンは当面外国への輸出は大統領令で禁止されていた話は、今はどうなっているのでしょうか。

収束しても倒産、廃業のリスクは決して減らない

仮に「収束」なる状態が二〇二二年年頭に出現するとした場合に、まず、一番の関心事は観光・運輸・飲食・サービス業の事業者の営業環境はどうなるのかということです。移動の抑制については全く行なわれていないと考えていいのでしょうか。以上について、経営者は自己責任を持って判断をしないといけません。

次に、移動は自由になったとしても、営業のあり方はどう変化するのでしょうか。マスクを外せるのでしょうか。三密対策は不要になるのでしょうか。わからないことばかりの中、直感できることは、コロナ禍前と全く同じ状況にはすぐには戻らない、ということです。

可能性が最も高い新型インフルエンザと同じような「収束」を想定した場合、

一　決め手の治療薬がない。というより治療薬に関して、何の政策もうたれていない。

二　無症状保菌者が多い。

という、この二点を考えると、観光・運輸・飲食・サービス業、それぞれで同じではありませんが、営業のやり方に制約がつくことは間違いありません。

たとえば、ホテル・旅館で言えば、いわゆるバイキング形式の食事の提供は不可能です。仮にやっても、お客様が怖がって、そのようなホテル・旅館を避けるでしょう。ですから当分できないと考えなければなりません。

この一例が示すように、**生産性や収益率が低下した営業を強いられる**こととなります。それは**従業員に大きな負担を強いる**こととなり、ブラックな職場との評価がさらに強まることが想定されます。このことはこれらの業種は人手不足である状況だけに大変辛いことなのです。世間は、「ウィズコロナ」や「アフターコロナ」等と標ぼうし、各分野でイノベーションやDX※が起こりニューノーマルな社会が始まると言っていますが、これらの業種は、外から見た理屈だけで生産性が向上したり、

※ **DX**　Digital Transformation の略で、進化したIT技術を浸透させることで人々の生活をより良いものへと変革させるという概念。

新しいビジネスモデルが発明されたりするほど、単純ではありません。なぜなら、基本、人が人を相手に人の満足や個々人の求めるものを供給するビジネスだからであり、理屈では有り得ても、この世界はまだソサエティ五・〇や第四次産業革命と無縁と言っても過言ではありません。

念のため付言すれば、私たち三業種《ぎょうしゅ》の経営者は、ホモ・サピエンスの先進的な方々から、生産性も向上できない働き方改革も実現できないネアンデルタール人だと思われていますが、決してそうではありません。（166ページ参照）

いろいろな予見の中、**観光・運輸・飲食に関して言えば、ワクチンは救世主となり得ないと判断するべきです**。ワクチンの接種が進もうとも、真の集団免疫的な状態が出現するまでは今と何も変わらないだろうと考えて経営判断すべきです。集団免疫的な状態はどんなに早くとも二〇二一年中ではないでしょう。

少なくとも、観光と飲食にとっては、**二〇二一年中は今と何も変わらないと考えます**。マスクも外せない、ソーシャルディスタンスも維持しないといけない等々、事実上のハンディキャップは解消されないと見るべきです。

※**集団免疫**　人口の一定割合以上の人が免疫を持つと、感染患者が出ても他の人に感染しにくくなるため、感染症が流行しなくなる状態。

　また、集団免疫的状態になっても、効果のある治療薬が認定され、新型コロナウイルスの感染リスクについて、「正しく恐れる」という合理的な共通認識が社会に形成されれば営業環境は改善されるでしょう（これについては別章にて）。しかし、**産業としての観光・飲食に対する差別的扱いは続くため、コロナ禍前と比し、難しい経営環境は大きく改善されることはないと予見され、十分な収益を得ることはできないと考えるべき**です。つまり、倒産、廃業のリスクは決して減りません。二〇二二年になっても多くの事業者の生計が成り立っていけるかどうか、危うい状況が続くこととなることを国や都道府県知事は考えてもらいたいと思います。

　問題は、集団免疫までがどれくらいなのか、集団免疫が達成されても困難な経営環境がいつまで続くのか、**どちらもわからないところが当事者から見れば不安です**。

　それを当然のこととし、そういう環境変化による淘汰を是とした場合、**自分が優勝劣敗のどちらになるのかについては、多くの事業者が悲観的です**。なぜなら、アフターコロナの勝者の条件がイノベーションやＤＸやＡＩやＶＲやリモートやワーケーションを活用することであると、多くの学者や評論家が語り、マスコミが宣伝し、そして、それに政府がお墨付きを与えているからです。

現在の強者が、さらに強くなるようなことが、ことさら、アフターコロナで強調され、今の弱者や困窮者にとって再生する重要な要素だと公に認知され、その方向に社会が啓蒙されていますが、現実は少し違います。しかも、弱者にとり、そういう要素を今すぐ経営に取り入れることは簡単ではないのです。このような風潮に違和感を覚えるのは、観光・運輸・飲食関係の人間では私だけではないと思います。DXやAIやリモートなどが、勝者への生き残りへのキーだとしたら、観光・飲食と一部の運輸分野の多くの事業者が劣敗者と言えるでしょう。

本当にワクチンが「収束」の決め手になるのか

※本項は、二〇二一年三月十三日以前に起稿したものですので、出稿の前に若干書きかえ、以下を加筆しました。

二〇二一年三月十三日の朝刊の記事に、河野太郎行政改革担当大臣が、十二日の記者会見で、ファイザー社のワクチンは六月末までに（約五〇〇〇万人分）調達できるとの見通しを表明したとありました。

その内容は、「承認が得られれば」となっていることから、次のようなものです。

一　欧州連合の承認はいまだ得られていない

二　五月に毎週、最大約一四万回分が日本に到着する（つまり五月までの調達は最大四〇〇〇万回分である）

三　六月は五月を上回る供給を見込む（すなわち、残り六〇〇〇万回分は六月中に調達を見込む）

従来、政府が発表していることと大差ありませんが、これには六月までの一億回分のワクチン調達の確実性が若干上がったというだけであり、二〇二一年中に集団免疫状態は実現しないという私の経営判断の基となった前提条件を変える情報ではありませんでしたので前段は変更しませんでした。ちなみに、この記事について私なりに加えた分析は次の通りです。

記事に「欧州での増産を踏まえ」、「七月以降の本格化が想定される一般向け接種へ」、「調達計画が前進した」とあります。

一　欧州での増産の規模が日本の調達を計画通りに可能とするものか、何の根拠も記載されておらず、疑問が残ると解釈できます。ワクチンは世界中で不足しているからです。

二　注射器に関して、「医療従事者四八〇万人分は一瓶六回打てる特殊なものが確保できる前提であるが、高齢者向け接種には六回用注射器は現時点で確保できない。」と記事後半に書いてあり、一億回分が六分の五の八三三三万回分になる可能性もあります。

三　接種の現場の実務に関しては自治体任せと表現してよい内容の記事でした。

いずれにしても、政府が発表している計画通りにかつ自治体による接種の実務が想定通りに実行されたとしても、二〇二一年末までは八〇〇〇万人への接種完了は実現しないと考えるべきです。

拙書が出版されるのは、二〇二一年七月頃と思います。高齢者への接種が開始されており、縷々《るる》論じてきたワクチンの調達問題も先が見えてきていることでしょう。全国民への接種のタイムスケジュールも確定していると思います。

この時点で、観光・運輸・飲食の業種について、先行き一年、いかなる経営環境になるのか、それくらいは見えている状況になっていることを願うのみです。

※この章の修正をした三月中旬から状況は大きく変化しました。菅総理が渡米した際にファイザー社のＣＥＯとの電話会談等もあり、ワクチン調達は少しですが、良い方向に向かっているようです。一方、第四波騒動の真只中、変異ウイルス騒動が事態を悪化させています。イギリス株とブラジル株には効きますが、南アフリカ株には効果が落ちて、カリフォルニア株とインド株にはワクチンは効果がない云々の話です。

いずれにしても、私が論じたいポイントは、ワクチンが「収束」の決め手となることに懐疑的、もしくは、なったとしても一年以上の長期を要することから、観光・運輸・飲食業にとっては少なくとも二〇二一年中は大変な状況にある点については変わりませんので修正せずに最終稿としました。（二〇二一年四月三十日　記す）

※私がぐずぐずしているうちに、また状況が変化しました。ＷＨＯが中国製のワクチンを承認すると発表しました。米国がワクチン関連の特許権を放棄すると発表し、独国が反対するなど、ワクチンがらみで世界で騒動が始まっています。変異株のまん延により、ワクチンによる集団免疫獲得に関して疑義も提示されています。（二〇二一年五月九日　記す）

観光は産業ではないのか――2

濡れ衣を着せられた、観光という行為

二〇二〇年三月二十八日（四月七日改正）の政府の新型コロナウイルス感染症対策本部が決定した「新型コロナウイルス感染症対策の基本的対処方針」の「（別添）緊急事態宣言時に事業の継続が求められる事業者」において、「ホテル・宿泊」は生活必需サービスとして事業の継続が求められていました。

念のために申し添えると、このことは、国が事業者に事業の継続を求めているということであり、さらに付言すれば「『三つの密』を避けるための取組を講じていただきつつ、事業の継続を求める」との但し書きすらあります。

しかしながら、二〇二〇年四月二十三日に内閣官房新型コロナウイルス感染症対

策推進室長名で各都道府県知事および政府の国交省、厚生労働省等の各省関係部署に「留意すべき事項等」として、基本的対処方針の内容変更が伝えられました。それは、緊急事態宣言時に事業の継続が求められている事業者となっている「ホテル・宿泊」のうち、ゴールデンウィーク中の対応として、「連休期間の行楽を主目的とする宿泊に係る事業」には事業継続を求めないという方針変更でした。

この変更は四月二十二日に専門家会議により、まとめられた提言Ⅲ1．（3）「ゴールデンウィーク中の対応について」において、今後の対策に係る提言に関して、

三月の三連休において、感染が拡大したと考えられることを踏まえ、不要不急の旅行、観光による感染拡大を防ぐため、市民・宿泊事業者がともに協力して取り組むことが必要である。

とされたためです。つまり、

一　三月の三連休において感染が拡大した。

二　不要不急の旅行、観光による感染拡大を防止しなければならない。

三　そのため市民（旅行者、観光客）と宿泊事業者の両者に協力させなければならない。

と、専門家会議が国に求め、それを了承した国が各省庁および都道府県知事に、それに即した対応を求めたためです。

この四月二十二日および二十三日は、四月七日に東京、神奈川、埼玉、千葉、大阪、兵庫、福岡の七都府県に緊急事態宣言が発出されて、四月十六日に対象を拡大した中、ゴールデンウィークを控え、ゴールデンウィーク中に感染拡大が全国に拡がることを危惧してなされた提言であり政府の決定した方針です。

全国に出された緊急事態宣言は当初四週間を目途に発出され、それがさらに三週間延長され、結果五月十四日に八都道府県（東京、神奈川、埼玉、千葉、北海道、大阪、京都、兵庫）を除き、解除されました。そして、五月二十五日には、全国で緊急事態宣言が解除されました。

すでにお忘れかもしれませんが、これらが第一回の緊急事態宣言の発出前後の状況でした。これだけであれば、旅行客であり、行楽客であり、観光客である市民も、それを受け入れるすべての宿泊事業者も、五月二十五日まで、行楽・旅行・観光と、それを対象とした営業を自粛すればいいと考えます。また、五月二十六日以降は旅行であれ、観光であれ、行楽であれ、自粛しなくていいと思います。営業もです。もし自粛しなかった場合、それを反社会的ととられるとしたら、不条理だと思います。

なぜなら、**宿泊事業者は、それで生計を立てているからです**。

ただし、以降の旅行、観光に対する差別の伏線となるポイントが、この時に発生していたことは見逃せません。専門家会議は、いかに観光に素人といえども、「旅行という行為」と「観光という概念」を併記して、感染を拡大させるものとして、一緒くたにしたことは無責任だと思います。また、厚生労働省は行楽を主目的とする宿泊とは旅行・観光との関連で、どのような位置付けになるのか然るべき説明をすべきだと思います。いずれにしても、「旅行客」「観光客」「行楽客」の公式な違いを誰かお教えいただきたいものです。いずれにしても、

「行楽」＝「旅行」＝「観光」≠ 生活必需サービス

として、事業の継続が求められていないという認定がなされました。

そして、ここで収まっていれば、ここまで「旅行という行為」が濡れ衣を着せられて、観光が感染を拡大させる反社会的行為との認定を受けなかったのですが、残念ながら、そうではありませんでした。

代償は誰が一番払っているか？

五月二十五日、全国解除の日、政府は不要不急の県をまたぐ移動は避けるように国民に呼びかけました。個人的には残念なことですが、これは、緊急事態宣言が三九県で解除される五月十四日の前の、五月十二日の全国知事会で「都道府県をまたぐ移動の自粛を徹底するよう」にと政府に要望したことに起因するものでした。

まず、ここで明確にしておかなければならないことは、当時は新型コロナウイルスのパンデミックの中、未知のウイルスについての十分かつ科学的な判断材料もない中で、政府も都道府県知事も、専門家会議も、マスコミも、そして国民も、ただただ怯《おび》えていました。感染を拡大させず犠牲者を多く出さないためにはどうすべきだったのでしょうか。それは**国としては、国民が一時的に傷んでも、やるべき事を**

やる必要があった、ということです。

ですから、日本式ロックダウンが五月二十五日まで実施されたことに文句は言いません。とはいえ、それが誰にどういう痛みを与え、全体として支払うべき代償を一部の人に支払わせている、それぐらいは理解し自覚して実施していただきたかったのです。

不要不急のイメージを強調して、「行楽」という言葉で本質をごまかす役人根性は実に質《たち》が悪いと思います。旅行と観光を並列に並べて公式な提言とする学者というより政治家的なレトリックを使う専門家の方々のスタンスも旅館・ホテルからの反発を恐れての自己保身としか思えません。

「命か経済か」などと、一年前の情緒的なレトリックを口走る人と議論はしたくもありませんが、もともと、二者択一で論じることが間違いであり、「経済」とは経世済民のこと、民の生活を支える財やサービスを供給する行為のことであり「金儲け」のことではありません。このようなことは、国のお役人や専門家会議の学者さんとは違い、大方の知事さん、とくに地方の知事さんは百も承知とおっしゃると思います。
ただ、申し上げたいのは、新型コロナウイルス感染拡大防止のための施策で、それによる痛みは最も誰が強いられているのか、代償は誰が一番払っているのかを認識していただきたいということです。そして、合理的かつ科学的かつ戦略的に対応していただき、全体の痛みを可能な限り最小化し、一部の人々のみに代償を支払わせることを容認しないでほしいと思います。**観光・運輸事業を営む私としてはとりあえず、割を食っている分はいったん立て替えているだけですので、後でしっかり清算してください**、ということです。（残念ながら、二〇二一年五月三十日時点、清算してもらえそうに思えません。それ以上に、さらなる痛みを強いられそうな状況です）
おかげさまで、一年経過した今でも、地方の観光地への旅行と首都圏など大都市部内の行楽を一緒くたにされ感染拡大の要因とされています。二〇二〇年十一月十八日の日本医師会の中川会長の「エビデンス（証拠）はなかなかはっきりしないが、きっかけになったことは間違いない」（出所：「東京新聞　二〇二〇年十一月十九日」）という非科学的発言は、訂正されていません。
旅行は、観光の中の一つの行為であり、三月の三連休において感染が主に拡大したのは、人口が密集している大都市部での行楽客の密によるもので、地方において、感染が拡大した事実はありませんでした。

二〇二〇年四月二十二日の専門家会議と厚生労働省の「地方の旅行」と「大都市部での行楽」とを、一緒くたにして感染拡大リスクを論ずるスタンスが、いまだに是正されていないために、第三波から始まった二回目の緊急事態宣言と、それ以降の感染拡大防止政策議論で、首都圏一都三県の人口密度が高い地域のエピデミック的状況の対策が全国のパンデミック対策として論議され、マスコミは例により「東京＝日本」という認識で情報を発信しました。

全国の知事さんも、二〇二〇年五月十二日は、十分な情報がなく、かつ、移動抑制が短期の四週間プラス三週間で終了すると考えたから（結果はそれで終わりませんでした）、県境を越える移動の自粛を国に要望したことは十分理解できます。

しかし、一年経った現在でも、一回目の緊急事態宣言時と同様に、今回も首都圏一都三県からは「我が県に来ないでください」とおっしゃるのですか、と聞きたくなります。その結果、「それぞれの地域で観光・運輸業を営む人がどうなるのか、おわかりですね」と問いただしたくなります。

一回目にそういう対応を行なったことで、いまだに県外から新型コロナウイルスが持ち込まれると恐れている一般人は少なくありません。観光・運輸・飲食に全く関係ない商売で生活している人々も県外からのリスクは勘弁しろと思うでしょうし、自分は影響を受けませんせん。高齢者だったり、既往症がある人だったり、その人たちの恐れは「命が第一」となることは理解できますが、地方は観光で生計を立てている人も多い。しかも、**観光産業は裾野が広いため、経済波及効果は、第一次産業などに広範囲に及び、地方にとっては必要不可欠な産業です**。だいたい、コロナ禍になるまで、多くの知事さんが観光立県とおっしゃっていたと思います。

このことは、観光立国推進基本法（二〇〇七年一月一日施行）という立法が存在することから国も認めていることであり、法文を読みますと、地方公共団体も責務を有していることが明記されています。

【前文】

観光は、国際平和と国民生活の安定を象徴するものであって、その持続的な発展は、（中略）健康で文化的な生活を享受しようとする我らの理想とするところである。また、観光は、地域経済の活性化、雇用の機会の増大等国民経済のあらゆる領域にわたりその発展に寄与するとともに、健康の増進、潤いのある豊かな生活環境の創造等を通じて国民生活の安定向上に貢献するものであることに加え、（中略）これらに適切に対処し、地域において国際競争力の高い魅力ある観光地を形成するとともに、観光産業の国際競争力の強化及び観光の振興に寄与する人材の育成、国際観光の振興を図ること等により、観光立国を実現することは、二十一世紀の我が国経済社会の発展のために不可欠な重要課題である。

【第一条】
この法律は、二十一世紀の我が国経済社会の発展のために観光立国を実現することが極めて重要であることにかんがみ、観光立国の実現に関する施策に関し、基本理念を定め、並びに国及び地方公共団体の責務等を明らかにするとともに、観光立国の実現に関する施策の基本となる事項を定めることにより、観光立国の実現に関する施策を総合的かつ計画的に推進し、もって国民経済の発展、国民生活の安定向上及び国際相互理解の増進に寄与することを目的とする。

【第三条】

国は、前条の施策の基本理念（次条第一項において「基本理念」という。）にのっとり、観光立国の実現に関する施策を総合的に策定し、及び実施する責務を有する。


【第四条】

地方公共団体は、基本理念にのっとり、観光立国の実現に関し、国との適切な役割分担を踏まえて、自主的かつ主体的に、その地方公共団体の区域の特性を生かした施策を策定し、及び実施する責務を有する。
2　地方公共団体は、前項の施策を実施するに当たっては、その効果的な実施を図るため地方公共団体相互の広域的な連携協力に努めなければならない。

少し、くどいですが、**観光は、地域経済の活性化、雇用の機会の増大等、国民経済のあらゆる領域にわたり、その発展に寄与すると国が認めているのです。そして、観光立国の実現について国及び地方公共団体は責務を有している**としています。

東京発着もGoToトラベル対象となるまで

前述の通り、専門家会議の学者さん方が、国が、社会の崩壊を避けるために、旅行・観光を、そして行楽を緊急事態宣言中の短期間は不要不急の行為として、国民に自粛しろと二〇二〇年三月頃にお願いしたことは理解できます。

しかしながら、国が行楽を目的とする宿泊に係る事業者について、それらも「ホテル・宿泊」と同一カテゴリーでいったんくくり、生活必需サービスとして事業の継続を求められているといったん決定しておきながら、ご都合主義的に、かつ、「ホテル・宿泊」カテゴリーの中から「行楽を主目的とする」という曖昧な基準で、差別的に地方の観光地のホテル、旅館を外すことについては納得いかないものがあります。

百歩譲り、一回目の緊急事態宣言の期間中は受け入れられても、その後一年も、我が国の経済社会の発展のために不可欠な産業として位置付けていないことが残念でなりません。多くの知事さんも、そして、マスコミや評論家も、です。

都道府県知事も一回目の緊急事態宣言の前後、県民への感染拡大リスクを考えて止むを得ず採用した方針として「不要不急の県をまたぐ移動は避ける」というメッセージを発信されたことには文句は言いません。

しかし、各種議論はあった中、七月二十二日からＧｏＴｏトラベルが開始された以降も、帰省を含め、県をまたぐ移動について、後向きのスタンスをとっていたことは否めません。十月一日にＧｏＴｏトラベルで東京発着も対象となるまでは、例年の半分以下の需要しかない中で、どれだけ苦しい営業を強いられてきたか。このことをご理解されている知事は何人いたのでしょうか。

全国の知事さんたちは、二〇二〇年五月十四日に三九県で緊急事態宣言が解除された後、県境をまたぐ不要不急の移動の自粛を要請し続け、六月十九日に県をまたぐ移動が解禁になったにもかかわらず、七月二十二日　ＧｏＴｏトラベルキャンペーンが開始されるまで、県内もしくはブロック内で徐々にという方針に終止しました。そして、第二波云々の状況の中、八月八日には、お盆の帰省について非常にネガティブなメッセージを発出しています。

第三波の際は、東京大都市部で第三波が問題となり、ＧｏＴｏトラベル事業の一時停止が決まった後の十二月二十日「感染が拡大している地域とそれ以外の地域との間の帰省や旅行については、今一度必要性についてご家族などと相談し、今回は控えることも含め、慎重に行動しましょう」と全国知事会名で旅行・帰省にネガティブなメッセージを発出しています。

そもそも、この国では観光は産業と認識されているのでしょうか。前述の通り英語には「Tourism Industry という言葉があります。「産業」を Google すると、次のような記述があります。

「モノ（物的財貨）やサービスを生産する経済活動の単位であり、人々が生計を維持するために従事する生産的活動のことである。」

「人々が生活するうえで必要とされるものを生み出したり、提供したりする経済活動のこと」

「ツーリズム産業」を同じく Google すると、「運輸業、宿泊業、テーマパークなどの観光施設、レストランや土産店、イベント・コンベンション業、その他ツーリズムに関連する産業」との記述があります。

一方、「観光産業」は日本標準産業分類では業種として分類されていません。すなわち、産業分類上は産業とされていないため、公的統計の対象となっていないということであり、産業連関分析の対象となっていないということでもあります。


したがって、観光産業の日本の全ＧＤＰに対する割合が五パーセントとかいう指標も公式なものでなく、かつ就業人口も五〇〇万人とか六〇〇万人みたいな数字も正確とは言えません。

前述のように、「観光立国推進法が存在するが、国も都道府県知事も本気で観光産業を育成しようとしているのであろうか」という問いに、私は「ＮＯ」と答えます。と言うより、観光にくくられる業種の一つひとつを観光産業の産業者と認識しているのでしょうか。

私は、観光事業を中核事業とする企業グループの三代目経営者です。創業者の祖父が昭和二十七年にバス会社を買収し、指宿《いぶすき》に指宿観光ホテルを開業して以来、我が社は六九年間にわたり観光産業に関わってきています。

この章の前半で述べましたが、新型コロナウイルスのパンデミック対策の初期対応で移動抑制もしくは都市封鎖を行なわざるを得ませんでした。しかし、それは致し方ないものでした。

再三再四述べますが、その期間が長くなった時、それが観光産業にどんな影響を与えるかについて、産業としてそれを構成する業種毎に丁寧な分析、そして、それぞれに合理性のある対策を、国からも都道府県からも行なってもらっていません。

国と都道府県とが行なったことは、単なる需要喚起策（ＧｏＴｏトラベルと県単位の旅行振興策）でした。本質的に、日本の中の人の移動を抑制しておいて、公的資金を投入して需要を喚起する総花的な政策が整合性など取れるはずがありません。

国や自治体は観光を産業と見ていない

産業として、この危機的経営環境を前提に、産業の担い手としての各業種毎の、各事業者毎の存続を図りたいのであれば、直接、業種毎、事業者毎に戦略的合理性ある救済策を講ずるべきと思います。

たとえば、製造業が脆弱で、第一次産業と公共工事と公的セクターに大半を依存する鹿児島の地で、我が社は地域内の交通インフラを整備・維持する地域振興と外貨獲得とともに重要なキーとなる観光産業を七〇年近くリーディングカンパニーとして担ってきました。**我が社は「観光は自助産業」という哲学の中で、官に頼らず、自助努力でここまで存続してきました。**

しかし、この長期化したコロナ禍は、自助の努力だけでは、到底、存続可能性を維持することは困難と考えます。もし、我が社が倒産したら、鹿児島の多くの人が困ることは間違いありません。鹿児島の観光は大きな打撃を受けることでしょう。ですから、官に対して「助けてください」というのはプライドが傷つきますが、そのようなことを気にしていられないほど、危機的な状況にあります。

あえて言えば、我が社は観光産業のプレイヤーの中では体力があるため、まだましなほうだと思っています。かつ、地域にとって必要な企業として認知される規模で、かつ地域にとって必要とされる事業内容だから、こんな居直ったような事も不遜にも言えます。

しかし、この観光・運輸・飲食産業の担い手は、我が社のような規模（と言っても、我が社も大企業ではありませんが）の事業者は少ないもので、そのほとんどが中小企業や零細企業です。それらの事業者は、今、本当に大変な状況にありますが、国も、都道府県知事も総論的もしくは概念的には「支援しないといけない」「経済を回していかなければいけない」等と言いますが、**一つひとつの業種が、一つひとつの事業者がどうやったら生き残ることができるのか、真剣に考えてもらっているとは思えません。**

ある旅館が、あるお土産店が、あるタクシー会社が、ある飲食店が、ある特産品メーカーが一つぐらい倒産しても、いずれは、また、その事業者に代わって新規参入者があるだろうという程度にしか考えていないのではないか、と勘繰りたくなります。

三業種を産業とするのであれば、それの担い手、すなわち、プレイヤーであるサプライヤーをどう守るか、どう支援するかが産業政策であり、消費もしくは市場に税金を投入する需要喚起に偏った政策は産業政策と言えません。そういう意味で、ＧｏＴｏトラベルもＧｏＴｏイートも産業政策ではありません。

支援対象が、ＩＴ産業とか、第一次産業とか、製造業とかであれば、デマンド側※

※**デマンド**　製品やサービスを供給する側ではなく、それらを利用する側、つまり消費者等の需要サイドのこと。

よりは直接サプライヤーへの対応策を行なうだろうと想像できることと比較していただければ、読者の皆さんは私が言わんとすることをご理解いただけると思います。

この国の少子高齢化、人口減少による中央と地方の格差や地方の衰退・消滅の危機への打開策、「地方創生」の切り札として、多くの自治体が観光頼みだったはずでした。そして、グローバルな経済の中で、地方は訪日外国人、いわゆるインバウンド観光客を経済活性化のキーとして地方創生が目指されていたと思います。ほんのこの間まで国も自治体も「観光」「観光」と言っていたはずです。

実際、観光を産業と見ていないと私的には考えます。国や、自治体の観光振興は、真の産業政策ではありませんでした。この話は、この主題で一冊本が書けるほどなので、ここでは詳しく述べませんが、だからこそ、前述のように我が社は、官頼みで我が社の観光事業を行なうことはしてきませんでした。

あくまでも本来、**観光は自助の産業でなければなりません。地域としての鹿児島の自助は、自助産業としての観光によって成立し得ます。**

自分の食い扶持は自分自身で稼ぐものです。しかし、それが本当にできない時、観光で生計を立てている人々はどうしたらいいのでしょうか。座して死ぬしかないのでしょうか。一四カ月を越える異常な社会環境、それは観光という産業分野の事業者にとっては、需要が人為的に消滅させられて、事業を、商売をできない経営環境にあります。倒産するか、廃業するかしかない経営環境といってもは過言ではありません。

旅行客が、観光客が、大都市部を中心に県外から（外国も含めて）来てもらえないと商売になりませんから、当然のことです。**観光産業に従事している人は自助心が高いと私は思っています。ですから、余計プライドが高く、安易に助成を求めません。その人々が、今、支援を求めているのです。**

読者の皆さん、少しでも自分のこととして想像していただければ、おわかりいただけると思います。総体的に、年間売上（収入）が通常年の半分以下であれば、そのような企業が二年目、同様の状況で会社が存続できると思えますか。だいたい、そのような企業に銀行が融資をすると思いますか。そのような企業の従業員が転職を考えないと思いますか。

ちなみに我が社のホテル事業（三つのホテルと二つのゴルフ場）の売上は前年比で五八パーセントです。貸切バス事業は一八パーセント、レンタカー事業は四二パーセント、空港リムジンバス事業は三一パーセント、高速道路のサービスエリア事業は五二パーセント、鹿児島と種子島・屋久島との高速船事業は五二パーセントです。これらの事業の二〇二一年三月期の収入減は約六〇億円で事業収支はマイナス二五億円です。

国は、新型コロナウイルスのパンデミック対策を行なうことに伴い、いろいろな支援事業を行ないました。当然観光産業の事業者もそういう支援策を受けました。あくまでも一般的なものです。しかしながら、一年以上経過して、最も傷んでいる観光・運輸・飲食、これを観光産業と称すれば、この最も傷んでいる事業者に対しての特別な対応は一切なされていません。二〇二一年五月五日時点で、政治家も政府も役所も、日本の観光産業を守るための政策を検討している節もありません。

多分、観光は産業（industry）として位置付けられていないのです。ですから、国策として守るべきものでないと為政者は考えているのでしょう。

「鉄は国家なり」から始まり、石油化学等の素材産業、自動車産業、家電エレクトロニクス産業、そして「産業の米」としての半導体産業と、多くの業種が国にとって必要な産業、育成されるべき産業として、国策として種々の施策が行なわれてきました。

その視点とは別に、国民生活に必要なものとして、医療、エネルギー、住宅等の産業育成が国によって支援されました。

観光は元来自助の産業でした。しかし、二十一世紀になって、この国でも観光を産業として育成することに、国の中でコンセンサスが図られたはずです。

現在、日本の観光を支えてきた人材や人財がいなくなりつつあります。「日本のおもてなし」「日本食」「日本のレジェンドやレガシー」、これらは一朝一夕に築かれたものではありません。いったん、失えば、もう二度と取り戻せないのです。

官僚の優位と政治の不在――3

コロナ禍対策の支援金、助成金等を考える

コロナ禍の中で、国や都道府県や市町村から支給された支援金、助成金、協力金、補助金の類をリストアップしました。国のＧｏＴｏキャンペーンや自治体の需要喚起策などの経済対策は除いてあります。

一・持続化給付金
二・家賃補助
三・雇用調整助成金
四・国税金の支払猶予

五・危機対応資金
六・社会保険料の会社負担の猶予
七・固定資産税の猶予と免除
八・金融庁の金融機関への対応
九・各都道府県の各種支援金
一〇・各市町村の各種支援金
一一・緊急事態宣言に関わる協力金
一二・新型コロナウイルス感染防止対策のための設備投資の助成金

基本的には、新型コロナウイルス感染拡大防止策のために被った経済的損害を補償、補填、賠償するものではありません。したがって、支給を受ける側の損害額等に比して、金額が増額されるものでなく、一律支給となっています。あえて言及すれば、理由は後述しますが、意図してそうしていると考えてよいでしょう。すべてにコメントできないので、いくつかをピックアップして、拙論を述べます。

まず「持続化給付金」について触れたいと思います。

電通の問題受託が世間で話題となり、そちらに関心が向かってしまいましたが、国民一人一〇万円と同じで、何を目的とした給付金だったのかは、私にはいまだに理解できません。一法人に一〇〇万円、二〇〇万円ではなく、せめて一事業につき一〇〇万円とか二〇〇万円とかにしてほしかったと思います。

いわさきグループの中核会社である岩崎産業は、三つのホテルと二つのゴルフ場と三カ所のレストランを経営していますが、支給された給付金は当然、法人単位で総額二〇〇万円でした。

そうできなかったのは、財務省が反対したから、と経産省の課長さんから伺いました。余談ですが、持続化給付金の取扱いは、電通ではなく全国の商工会議所・商工会にやらせるべきだったと思います。

同じような趣旨で支給されたのが「二・家賃補助」でした。地方で旅館、ホテルを営んでいる者は、ほぼ自前の土地に自前の建物であり、物件を賃貸しているケースはほとんどありません。家賃補助は都市部事業者のための施策でした。

ちなみに「七・固定資産税」ですが、一年間猶予の後に、結局「納付しろ」となりました。延滞税を一パーセント払えばもう一年猶予がつきますが、三年目はどうなるかは定かではありません。そもそも延滞税を取ることがおかしいと考えます。二年目（二〇二一年度）は建物だけは半額免除となっていますが、土地が免除にならないのは、この免除が総務省のポーズの証しです。詳しくは、国税と社会保険料のところで述べます。

前述した一人一〇万円の給付金も持続化給付金も、小池都知事が前例を作った緊急事態宣言の協力金の類も、自治体の各種支援金もすべて本質は国民、都道府県民、市民、町民、村民に配られたもので、事業者救済もしくは産業保護、雇用主保全のために使われたお金ではありません。どちらかというとポリティカルなものと言えます。（私権を制限した日本式ロックダウンへの支持を得るためと考えるべきで、極めて政治的なものです。）

唯一、性格が違う「三・雇用調整助成金」について言及します。前述のものよりは、まだ実効性があって、事業者としては助かったとは言えます。しかしながら、これも政治的な側面に重きを置かれ、事業者の支援の視点重視で実施されたとは言い難いものです。「助かったから文句は言わなくていいだろう」ではなく、細かいようですが、筋は通させてもらいます。

国は国民に対して、雇用を守るとメッセージを出しました。

しかし、国民の雇用を守っているのは国ではありません。雇用主、つまり事業者なのです。厚生労働省は、「私たちに雇用調整助成金を出してやる」という姿勢でこの一年間終始しています。もともと、この財源も、失業保険等で国民が積み立てたものであり、厚生労働省のお金ではありません。私は我が社の担当者に雇用調整助成金の申請書を労働局に提出しに行く際に、「申請書提出時に、受領する労働局の職員が『コロナ禍で収入がほとんどないのに雇用を維持してもらいありがとう』と言うかね？」と尋ねてみました。担当者の帰社後、どうであったかは聞いてはいませんが。

国は国民に雇用は守るとメッセージを出します。しかし、雇用を守っているのは国ではありません。私たち事業者なのです。二〇二〇年十二月での就業者数の前年同月比減少数は七一万人減でしたが、そのうち二九万人が宿泊・飲食・サービス業です。（この中には運輸業は入っていません）

二〇二〇年十二月でこの状態です。この後、二回目、三回目の緊急事態宣言が出ています。観光・飲食がどれだけ追い詰められているか、ご理解いただけると思います。

そして、その追い詰められている事業者が、自力で雇用を守っているのです。くどいですが、国が雇用を守っているのではありません。

観光産業は状況変化に対応するのが困難な産業

さて、観光立国推進基本法の前文に、「観光は、地域経済の活性化、雇用の機会の増大等国民経済のあらゆる領域にわたりその発展に寄与するとともに、健康の増進、潤いのある豊かな生活環境の創造等を通じて国民生活の安定向上に貢献するものであることに加え、国際相互理解を増進するものである。」とあります。

雇用調整助成金は確かに助かりました。しかし、元々製造業を対象として制度設計されたもので、観光産業に適用しても十分なメリットが得られません。今回、一年にわたり数カ月単位で延長を繰り返されて、長期的展望を持って経営判断ができなかったことも問題でした。現在、今日（二〇二一年五月五日）の時点で、助成金制度は五月二十日までの支給分となっています。どうせ延長されなければならないはずですが、いまだ厚生労働省からは発表もありません。

最大の問題点は、**第一波、第二波、第三波、第四波と次々に波が押し寄せ、この一四カ月アクセルとブレーキが断続的に踏まれた**ことです。観光産業はこのような状況変化に対応するのが困難な産業です。たとえば、継続的に営業を予定していたホテルは突然休館にするわけにはいきません。休館の時でも出勤しないといけない従業員も一定の割合で必要となります。

具体的に言えば、三回の緊急事態宣言やまん延防止等重点措置の移動制限に振り回されて、多くのキャンセルがあった時もすでに予約されていたお客様が予定通りに宿泊される時は休館にはできません。

第三波騒動により、二〇二〇年の年末から二〇二一年の正月休みのときに、突然のＧｏＴｏトラベルの中断と首都圏、関西圏などの二回目の緊急事態宣言による大量キャンセルでも、休館はできず大損害を被りました。

観光にはシーズナリティがあります。四月、五月、七月二十日から八月までの夏休み、十月、十一月の観光シーズン、年末と正月休みです。当然、二〇二〇年、二〇二一年の一四カ月、十月、十一月を除いて、かき入れ時の需要がすべて消滅しました。

観光産業における雇用のあり方を前提とせずに、製造業のための制度を流用したところで、その効果は、我々にとっての受益は国が考えているほど大きくはないのです。

社会保険料、税金の支払いさえ難しい

そういう意味で、「六・社会保険料の会社負担の猶予」について言及します。近年、社会保険料が上がっていることはご承知の事と思います。年収三五〇万円程度で大体一五パーセント程度が徴収されます。同額を雇用主が支払うこととなっています。つまり、事業主からすれば、三五〇万円/年の社員を一人雇用する場合、国に一一〇万円程度（本人負担分五五万円、事業者負担分五五万円）を支払っていると考えていいでしょう。このコロナ禍で、たとえば一〇人の社員を年俸三五〇万円で雇用して

いた事業主が、売上がゼロとなったとします。その時、一〇人中五人を休職させて雇用調整助成金を国から支給してもらったとしても、五人分の給与は事業者が支払わねばなりません。つまり、三五〇万円×五名分＝一七五〇万円を調達して、事業者はその他に一人当たり五五万円の会社負担分を国に納付しなければなりません。本人負担分の五五万円と合算すれば一一〇万円にもなり、五人分となれば五五〇万円です。

国（厚生労働省）は、二〇二〇年度分は猶予してくれました。しかし、結局、免除にも、分割にもしてもらえませんでした。そして、二〇二一年度になって、納付しろと言っています。当然二〇二一年度分も納付義務は課せられています。一パーセント／年のペナルティーを払えば、再度猶予されますが、二〇二〇年度に三年分払えと言われることになると思います。

要は、国（厚生労働省）は、事業者に収入がほとんど入らないような経営環境を政策として作り出しておきながら、観光・運輸・飲食事業者が、収入ゼロと同等の収支状態の中で、二〇二〇年も二〇二一年も、しっかりと自分が取るものは取ろうとしています。こんな理不尽はありません。二〇二一年も形だけの猶予はありますが、実際は一パーセント／年の延滞金のペナルティーがついています。

「雇用を守る」と国民に言っているのであれば、社会保険料の会社負担分ぐらいは雇用主救済目的で免除するべきだと言いたいです。本人負担分（実際は源泉徴収）も含め社会保険料納付を一〇年分割にするぐらいの支援策を行なっても当然と思います。

同じことは、財務省にも、総務省にも、当てはまります。財務省も猶予はたった一年だけで、二〇二一年度からは、二〇二〇年度分も含め、一パーセント／年の延滞税をとります。

このことは、地方税・固定資産税においても同じ対応です。これらは各自治体の裁量に委ねられているようですが、バックには総務省がいます。国が交付金でも付けない限り単独で自治体が前向きな対応は難しいということです。三省とも、二〇二一年度から一パーセント／年の延滞金を課しているということは、本音は、「納付しろ」と言うことです。

大飢饉で収穫がゼロだった年に領主が農民に言いました。今年は年貢《ねんぐ》を猶予してあげるから、と。農民たちは自分たちの領主は民のことを第一に考えてくれる仁君だと思いました。次の年、またまた凶作となりました。領主は再び言いました。今年の年貢も猶予してあげる、と。ただし一パーセントの利息はつけるとも言いました。農民はどのような選択をすればいいのでしょうか。

資産を売るか、借金をして年貢を払うか、一パーセントの利息を払って年貢を納めることをもう一年待ってもらうか。来年になって例年通りの収穫があったとしても二年分の年貢は、当然払えません。結局は、来年、資産を売るか借金をするかしなければなりません。この領主は本当に仁君と言えるのでしょうか。

結局、財務省も、厚生労働省も、総務省も二〇二〇年度の猶予だけで、実質的に国民が受けた被害について、国として救済とか支援とかをする気が全くない、と思っていいでしょう。

残念なのは政治家の人々が、官僚に支配されているのではないかと思いたくなるぐらい、政治的な判断をしてくれないことです。取ったものを配る権限が官僚の権力の源です。この原理を、この異常な社会環境の中でも、ひたすらに守りたいのか、と財務省と厚生労働省と総務省に言いたいです。

この話はマジョリティーから支持は受けません。なぜなら、コロナ禍の一四カ月で、**税金や社会保険料の支払いもできないぐらい、収入が落ち込み、資金繰りが逼迫しているのは、「観光・運輸・飲食事業者」ぐらいだからです。**大概の他の事業者は、業態が回復していますので、納税云々が切実な問題ではないのです。

納税等国民負担は企業の当然の義務と考えているでしょう。逆説的に言えば、そこまで三業種の事業者は追い込まれています。税金は資産を売ったり、借金をしたりしてまで払わないといけないのでしょうか。

とくに消費税は担税の負荷が高い

少しだけ、消費税について触れます。消費税も一パーセント／年の延滞金を払えば、猶予されます。ただ消費税は金額が非常に大きいです。税率が一〇パーセントですから。いくつかのルートを通じて、消費税の猶予の延滞税一パーセント／年の廃止や分割納入の要望を、自民党や政府に上げてみましたが、馬耳東風でした。

ある経済団体の役員に対して、自民党の政調会長が「消費税は預り税だから猶予とかになじまないと…」と言ったそうです。消費税が預り税という論理は詭弁です。消費税はその本質は付加価値税であり、税法上も、消費者でなく、徴税義務者に課税されています。担税《たんぜい》者が国民であるという概念自体が、ある種の詭弁です。余談ですが、財務省はどさくさに紛れて消費税の内税化を二〇二一年四月に法制化しました。軽減税率がらみのインボイス制も強行するつもりです。

消費税が付加価値税であることが、観光産業にとって担税の負荷が高いのです。簡単に説明すると、同じ収入に対して、付加価値部分の割合が多いほどに払わないといけない税額が多くなります。そして、**この付加価値とは、真の付加価値ではなく人件費も入ります**。（次ページ）

すなわち、労働分配率が高いもしくは付加価値生産性が高いと、同じ売上でも支払う消費税は多くなります。Aのケースでは真の付加価値が大きいので、残る利益も大きくなります。Bのケースでは人件費の割合が多いので残る利益がAより少なくなります。Cのケースでは原資が少ないのに消費税を払うことになります。これを説明します。

消費税の考え方

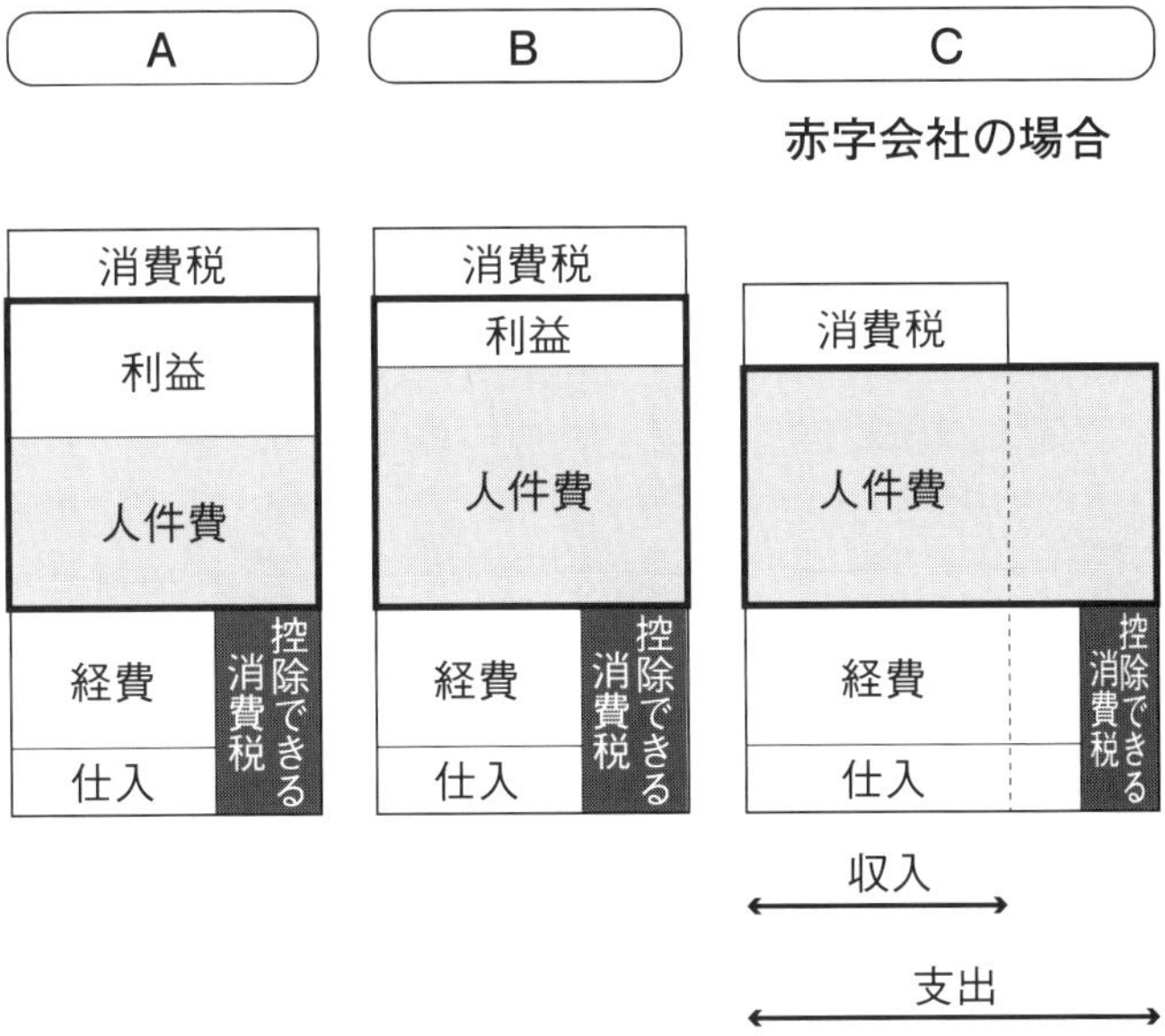
A
B
C
赤字会社の場合
消費税
利益
人件費
経費
仕入
控除できる消費税
消費税
利益
人件費
経費
仕入
控除できる消費税
消費税
人件費
経費
仕入
控除できる消費税
収入
支出

ここ数年、地方の企業経営者は付加価値生産性が低いと言われてきました。また、観光業や運輸業そして飲食業はサービス産業ですので労働集約的になります。ですから、労働分配率は高くなり（人件費の割合が高い）、結果として生産性（利益率）は低くなります。

つまり、人件費をマイナス要因と考えず、付加価値として一〇パーセント税金として持っていかれる消費税の負荷は大きいうえに、逆に真の付加価値生産性（利益額）は小さいため、消費税の資金繰りに及ぼす影響は大きくなるのです。赤字のCのケースを見れば、ご理解いただけると思います。

人件費の一〇パーセント分の消費税を負担しているのは、消費者ではなく、事業者であることが明白です。

このような詭弁まで弄して、猶予や分割を許さず消費税をとにかく徴収しようとする財務省の大義は、財政の規律の維持です。しかし、コロナ禍で傷んでない人まで（財務省の役人も含め）に配った一二三兆円の財政出動の愚策との比較において、二つの政策における財務省のダブルスタンダードについて整合性ある説明を自民党の政調会長と税調会長にしてほしいと思います。

哲学・合理性なき新型コロナウイルス対策での税金の使い方を是としておいて、配慮・思慮なき国民への負担の課し方を、財政規律をもって是とする為政は理不尽の極みだと考えています。

政治家が決断すれば実現可能になることも

金融のことに少し言及します。

東北の大震災、リーマンショックという過去のこのような大きな経済危機があった時、いわゆる法律的裏付けのあるモラトリアムが発出された、と理解しています。

今回は、出されてはいません。

二〇二〇年三月から四月において、危機対応資金が政府系金融機関を通じて比較的スムーズに出されたことは、非常に的確な施策でありました。しかし、一四カ月たった時点で、事業者の資金繰りに対する支援について、しっかりしたものが政策・

制度として施行されていません。

本来は、各々事業者の二〇二〇年四月からのいわゆる年度資金調達について、国は（民間金融機関に対して本気で事業者の資金繰りを支えさせるのであれば）、法的もしくは制度的な裏付けと財政上の裏付けの二本立てで政策を打つべきです。

しかし現状は、ただ金融庁が民間金融機関に「事業者の資金繰りを支援しろ」と観念的な要請を行なうのみです。実際、二〇二〇年度は大きく痛んでいる、そして二〇二一年度も回復が今すぐ見込めない、三業種の事業者の決算書と次年度の事業計画を各金融機関が見た時に、そんなに簡単に年度資金の打ち返しを行なうとは思えません。事業者によっては返済猶予もしくはリスケジュールを求めないと立ち行かなくなるところが少なくないはずです。

金融庁・財務省は、然るべき予算措置を行ない、支援することを要請している金融機関に対して万が一融資がこげついても国が代位弁済してあげます、と背中を押すべきです。しかし、いまだに口だけの対応です。

このような側面を見ても、観光・運輸・飲食は、国から見れば（とくに財務省、金融庁から見れば）、どうでもいいと思っている、としか思えません。

仮に役人がそうでも、**政治家の方々が決断してもらえば、この国では可能なこともあります。前述の税金や社会保険料の問題も同じです。**

配慮・思慮が及ばないのは政治家、官僚、どちらのせい？

この章は「文句」の章となってしまいましたが、図に乗って恐縮ですが、最後に「文句」をもう一つ述べてこの章を終わりにします。

まず、観光産業はブラック業界です。昔風に言えば３Ｋです。少子高齢化の波の中、ただでさえ人手不足に苦しむ地方において、最も人材不足、労働力不足に苦しむ業界、業種です。ＩＴＣ活用が進まず、イノベイティブではない経営者が多く、生産性が低い産業として認知されています。この生産性の低さを補うために、低賃金で人を雇い、長時間労働を従業員に強いています。だから、ブラック企業が多く、最も働き方改革を行なわないといけません。正規社員として雇うべきところを非正規社員として雇い、差別的な雇用、就労を行なっています。

長い間、私たちの産業のほとんどの事業者はそう言われてきました。ですから、働き方改革の大義の下に法律が強化され、最低賃金も、実態を無視して政治的判断で上げられました。コロナ禍の二〇二〇年に最低賃金が上がったことを見れば、実態が無視されていることは一目瞭然です。厚生労働省は、二〇一九年に年次有給休暇の五日取得義務を法制化しました。一方、このコロナ禍でも、この法律を特例として免除する措置をとっていません。すなわち、休業して雇用調整助成金をもらっている社員に対して、事業者は休業日とは別に、自社のお金で有給にして、（多くの休業日があることから特段の必要のない）有給休暇を人によっては五日も与えないといけないことになりました。

矛盾した政策であるにもかかわらず、配慮・思慮が及ばないのは政治家、官僚のどちらのせいなのでしょうか。いずれにしても、廃業・倒産という理由だけでなく、観光・運輸・飲食の就労者はいまだに減っています。

本章の終わりに、コロナ禍が観光に及ぼした影響がわかるデータを掲載しておきます。

ちなみに、私は二〇二〇年四月の時点で、然るべき政府・自民党の役職の方（複数）

にコロナ禍環境における働き方改革のあり方について、過度の対応は考慮すべきと要望をしましたが、官僚組織である労働局も、労働基準監督署も、まことに法に忠実に（杓子定規に）事業者への過度の指導を頑張っているように見えます。

いろいろ書きたいことはありますが、我が社（グループ経営ですので一社ではありませんが）は、二〇二〇年度は前例のない大赤字でした（二桁の億円の赤字）。それでも、バス会社も、船会社も、観光事業部門も、然るべき額のボーナスも出しました。二〇二〇年の春も、二〇二一年の春もベースアップしました。二〇二〇年四月も、二〇二一年四月も然るべき数の新入社員を入社させました。

なぜなら、地方は人材、人手不足で事業継続が困難になりつつあるからです。しかも観光産業は前述のような業種とみられているものばかりですから、余計、人材が、人手が確保できません。そして、このコロナ禍が一四カ月続く中、皮肉なもので、**「商売上がったりで、暇でしょうがありません」状態でありながら、離職者は逆に増加しました。**（要因の一つには、持て余した時間に思い悩んでしまうことがあります）

観光は産業として認識されていません。国や自治体が観光産業の育成を本当に考えていない、と私が思う大きな根拠にこの辺の事情があります。なぜなら「企業は人なり」「人は石垣、人は城、人は堀」と言いますから。

アンドリュー・カーネギーの名言にこうあります。

「たとえ自分の会社が天災で全滅したとしても、周囲の人材さえ一緒に働いてくれれば今まで以上に大きな会社を作ることができる。」

やはり、観光は自助産業であり、いかなる逆境においても、人材・人財だけは死守しなければならないと改めて思います。

延長された雇用調整助成金制度の不条理

初校ゲラ刷をチェックしているタイミングで、とても不愉快な事件が起きました。この件をどうしても本書に載せたかったので、無理矢理ページを割いて、急遽、本節末尾に加筆しました。以下、本書のタイトル『理不尽』を絵に描いたような事例を読書の皆さんに御披露します。

事案は雇用調整助成金に関するものです。

まず、ここまで、くどいくらいに記述していますが、二〇二一年五月のタイミングで、まともに商売をさせてもらえない異常な営業環境を強いられているのは、観光・運輸・飲食業に限られつつあり、約一年前と同様に現時点でも従業員を休業等させる必要がある業種は、ほとんどないと思います。

ですから、業況が回復している他の業種の事業者は雇用調整助成金について今は関心がないと思います。

しかし、いまだに、この三業種は緊急事態宣言やまん延防止等重点措置が六月二十日まで延長されたこともあり、雇用を維持しつつ事業の存続をはかるためには雇用調整助成金がどうしても必要です。

政府は二〇二一年四月末までのこの一年間、〔上限一万五〇〇〇円／人日 助成率一〇〇パーセント〕の支援内容で複数回にわたり延長してきていました。

今回、七月までの再延長が決定しましたが、〔上限一万三五〇〇円／人日 助成率九〇パーセント〕と支援の内容を薄くしたのです。経済団体等の要望の結果、六月までが七月までとなり、業況特例と地域特例が付加されましたが、実際は、地方の三業種については、全く、その実態に関し配慮されておらず、実質、助成の縮小となってしまっています。

具体的に言えば、緊急事態宣言やまん延防止等重点措置の地域は地域特例として一万五〇〇〇円と一〇〇パーセントが維持されますが、それ以外は前述の通り、助成率が一〇パーセント、上限が一五〇〇円／人日削られます。簡単に言うと、一〇パーセントもしくは一万三五〇〇円を超える分は、自分で出して雇用を維持しろということです。

つまり、**地方で、みんなで、感染拡大防止を努力して、感染者数を抑えてきた事業者に対して、国は支援を薄くする**ことを意味します。

しかも、そういう地方の観光業は緊急事態宣言の対象となっている大都市部からの観光客が移動抑制されているため、ほとんど来訪せず、商売ができない状況を強いられています。

ですから、当然、観光業の多くの事業者が休業や時短をせざるを得ず、あわせて、雇用維持するため従業員に休業、時短勤務をさせています。また各々の県で独自に感染拡大防止のための営業時短等も行なっている都合上、地域外での飲食業であっても雇用調整助成金は必須です。

つぶさにこの実態を見れば、今回の支援内容の変更によって緊急事態宣言やまん延防止等重点措置の地域内と域外とで不公平が出ることはわかるはずです。

にもかかわらず、厚生労働省はこの決定を変えませんでした。

なぜ、地方の観光・運輸・飲食の事業者は、こんな不条理な目に遭わされるのでしょうか。

鹿児島県商工会議所連合会の緊急要望に対して、自民党鹿児島県連からの回答の一部に「雇用調整助成金で長期間にわたり休業による雇用維持を図り続けることについては、働く方々の能力が十分に発揮されないことや望ましい労働移動を阻害する等の懸念がある」とあります。

この回答は厚生労働省の役人が書いたのではないかと推測しますが、財務省と厚生労働省の官僚に操作されて、真の政治的判断ができない政治家の先生方を情けなく思います。

役人の本音なのか政府の本音なのかは別にして、地方の観光業は、従業員を働かせないで、休業させて給与だけ払っているので、国家的視点からは働く方々の能力が十分に発揮されず大きな喪失であり、また、彼らの他の産業への転職を妨げることとなります。よって**支援を薄くするので、観光業関連事業者はさっさと廃業か倒産して、働き手を他産業へ回せ**、ということのようです。

ちなみに業況特例も、〔単月でみて最も売上が悪かった月が前年同月比三〇パーセント以上の売上減〕という基準が〔三カ月の平均で三〇パーセント以上の売上減〕と、ハードルが上げられました。

地方の観光業・運輸業・飲食業は好き好んで営業していないわけではありません。

営業努力が足りないから売上が激減したわけではありません。国策によってお客様を奪われたから、この悲惨な状態になっているのです。

また、五月十四日の経済財政諮問会議で示された「骨太の方針」には地方創生のため「賃上げを通じた経済の底上げ」と明記されています。そして、最低賃金の全国平均を二〇二一年度三パーセント以上引上げ、早期に時給一〇〇〇円にすることを目指すのだそうです。

菅首相は賃上げを通じて新型コロナウイルス感染拡大で打撃を受けた日本経済を成長軌道に復帰させたいとの考えを表明したとのことです。

経済財政諮問会議の御出席の皆さま（三村日本商工会議所会頭を除く）に、**国による無理矢理な最低賃金の引上げが、どうしてこの国の経済成長と地方創生につながるのか、**そのロジックをお教え願いたいと思います。

地方を、観光を、中小企業を、殺すのは誰なのでしょうか。

（万人）

	金融業、保険業	不動産業、物品賃貸業	学術研究、専門・技術サービス業	宿泊業、飲食サービス業	生活関連サービス業、娯楽業	教育、学習支援業	医療、福祉	サービス業（他に分類されないもの）
	158	140	238	361	231	331	898	435
	6	5	2	-40	-3	15	20	-19
	3.9	3.7	0.8	-10.0	-1.3	4.7	2.3	-4.2

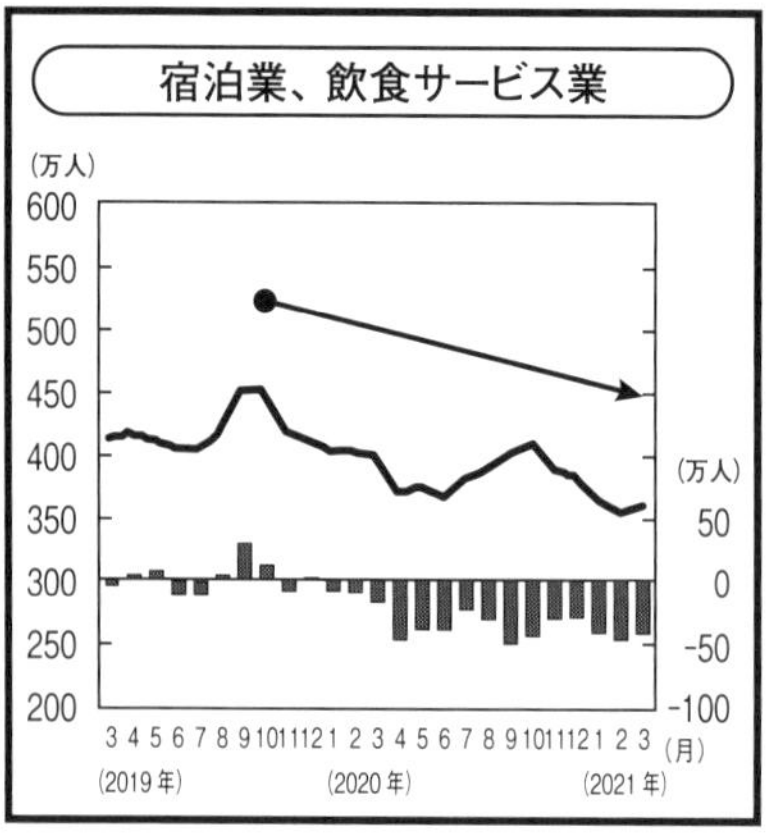

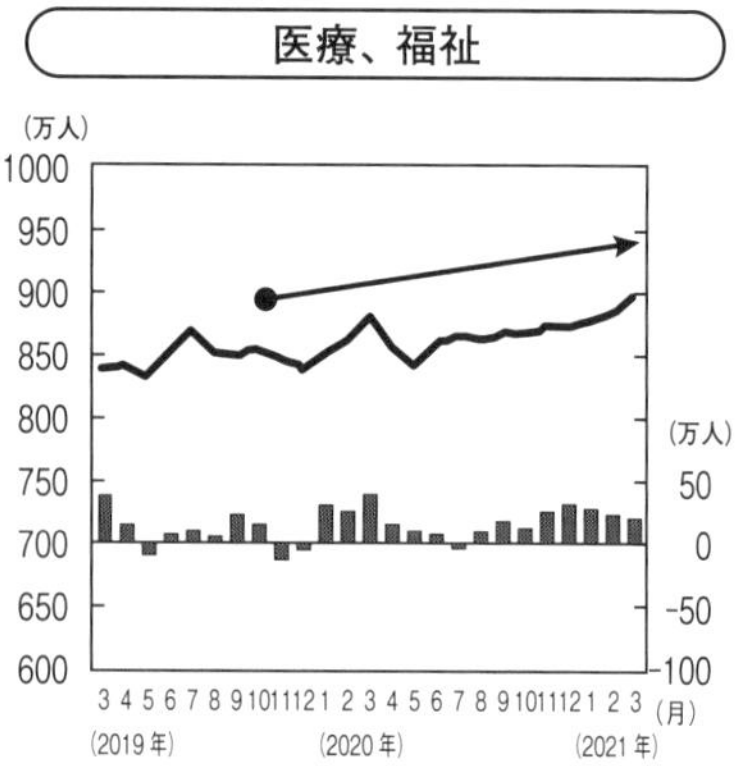

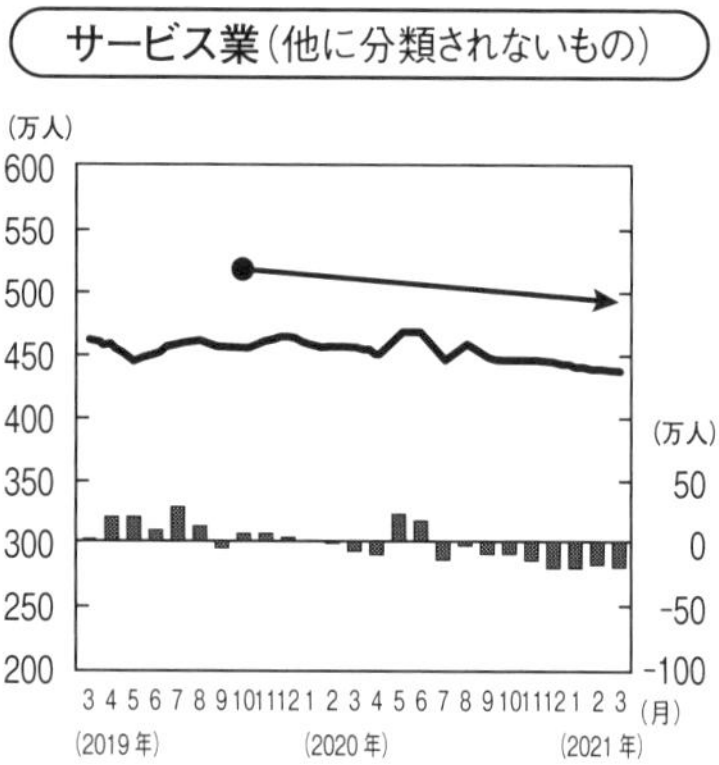

出所：「労働力調査結果」（総務省統計局）　I　就業者の動向　4　主な産業別就業者数　表３と図５

◎主な産業別就業者数とその推移

2021年3月	農業、林業	非農林業	建設業	製造業	情報通信業	運輸業、郵便業	卸売業、小売業
実数	187	6462	499	1031	252	344	1081
対前年同月増減	-1	-50	-13	-14	24	-5	-2
対前年同月増減率(%)	-0.5	-0.8	-2.5	-1.3	-10.5	-1.4	-0.2

建設業

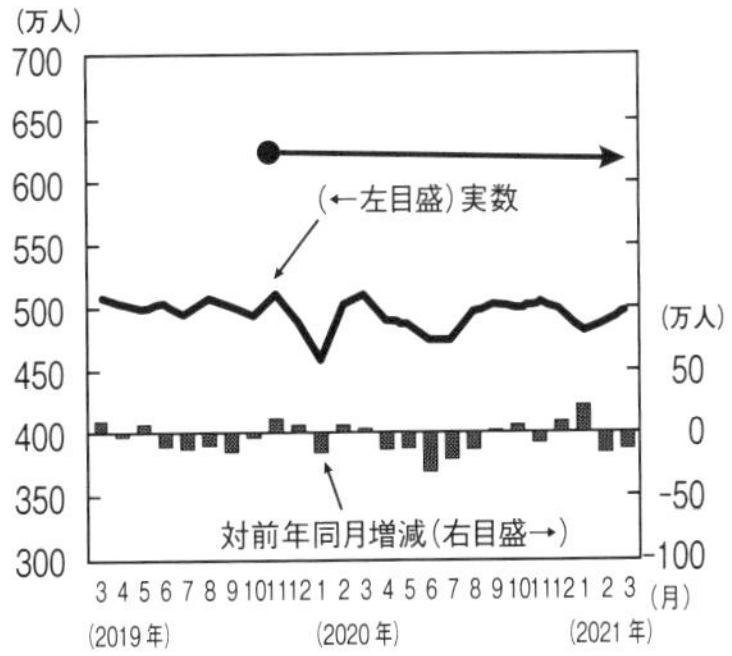

卸売業、小売業

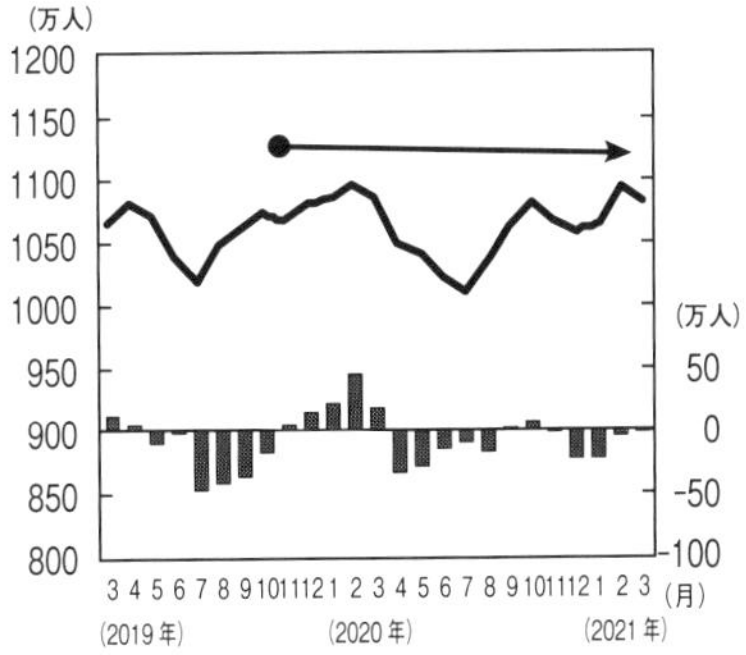

製造業

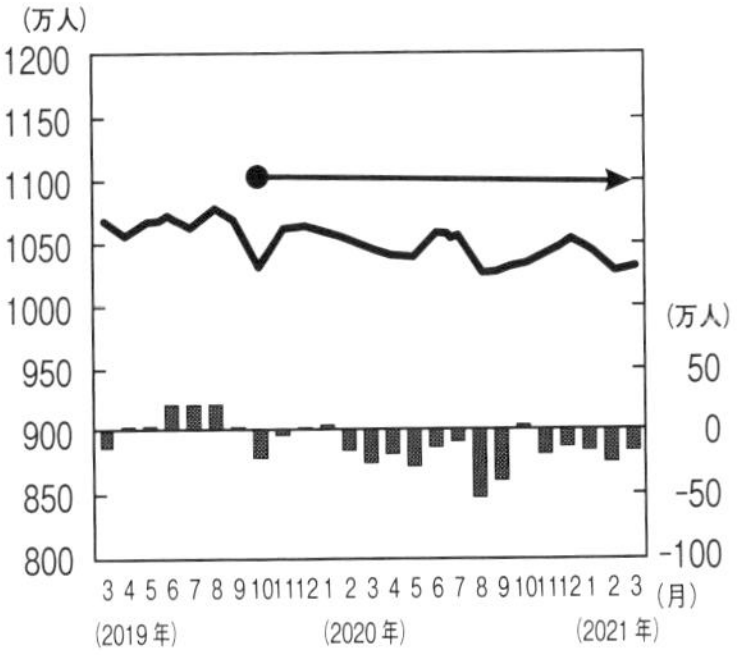

単位：%

	金融業、保険業	不動産業、物品賃貸業	学術研究、専門・技術サービス業	宿泊業、飲食サービス業	生活関連サービス業、娯楽業	教育、学習支援業	医療、福祉	複合サービス事業	サービス業（他に分類されないもの）	公務（他に分類されるものを除く）
	3.3	-7.8	0.8	0.2	2.2	3.9	1.2	-16.1	2.7	5.0
	0.6	-5.3	-1.3	1.7	5.4	2.5	6.2	-5.3	2.0	8.4
	-6.0	-0.8	-5.1	-0.5	-0.4	4.8	4.9	-1.7	1.1	4.7
	-4.6	-4.6	0.4	1.2	-0.8	5.5	1.8	-1.8	4.6	-1.7
	0.0	0.0	-0.4	2.5	1.6	8.9	-1.1	-7.5	5.0	-1.7
	-4.5	11.0	-3.2	-2.4	0.8	8.9	0.8	-9.1	2.0	6.2
	-4.8	3.9	-5.4	-2.4	5.5	8.4	1.0	-3.5	6.3	9.1
	7.3	-1.6	-3.4	1.7	7.5	4.1	0.6	1.8	2.7	4.7
	7.0	-1.5	1.6	7.6	2.5	0.0	2.7	-5.4	-0.7	3.5
	1.2	2.3	5.3	3.2	4.5	0.3	1.9	-5.1	1.6	7.9
	9.9	-5.1	8.2	-1.6	0.4	1.8	-1.5	5.6	1.3	2.2
	11.9	3.1	4.6	0.7	0.0	0.3	-0.4	-3.6	1.1	-0.4
	1.9	11.9	3.4	-1.9	0.4	-3.4	3.8	-3.8	0.4	-3.6
	-4.3	6.4	-0.4	-1.5	0.4	-0.6	3.0	-13.0	0.4	1.9
	-3.2	2.3	5.8	-3.4	1.3	-3.4	4.8	-7.0	-1.3	5.7
	-1.2	12.1	3.8	-11.0	-4.7	-2.1	1.8	-3.7	-1.8	3.0
	-2.9	7.8	-0.8	-9.2	-11.5	2.4	1.1	2.0	4.9	6.2
	-1.8	-1.4	5.8	-9.3	-8.9	5.9	0.9	-2.0	3.6	4.6
	0.6	10.6	3.9	-5.4	-7.2	2.9	-0.6	-9.1	-2.8	1.2
	6.2	13.4	0.4	-6.7	-2.5	5.5	1.2	-10.5	-0.4	1.2
	11.3	11.6	-1.2	-10.6	0.0	3.7	2.1	-3.8	-1.8	2.1
	4.2	6.9	-2.3	-9.5	-2.8	0.6	1.5	-8.9	-2.2	-0.8
	-4.0	14.6	0.8	-6.9	3.8	3.6	3.1	-8.8	-3.3	1.3
	-6.1	3.8	0.8	-7.0	-1.3	2.6	3.8	-7.4	-4.5	5.7
	0.0	5.3	2.0	-9.6	-3.0	4.4	3.4	0.0	-3.9	1.6
	4.5	9.0	7.5	-11.4	-1.7	7.6	2.8	-2.1	-4.0	-1.5
	3.9	3.7	0.8	-10.0	-1.3	4.7	2.3	-5.7	-4.2	1.2

出所：労働政策研究・研修機構
「新型コロナが雇用・就業・失業に与える影響　国際比較統計：産業別就業者数」

宿泊業、飲食サービス業だけが、2020年1月以降ひたすら低減し続けていることがわかります。

◎主な産業別就業者数の推移(月次、原数値、前年同月比)

月次別		全産業	農業、林業	非農林業	建設業	製造業	情報通信業	運輸業、郵便業	卸売業、小売業
2019	1月	1.0	3.0	1.0	-6.9	0.7	9.1	4.0	-0.7
	2月	1.2	-4.8	1.4	-0.2	-1.3	10.3	2.0	-3.0
	3月	1.0	-4.4	1.2	1.6	-1.1	0.4	0.0	1.2
	4月	0.6	-5.4	0.7	-0.2	0.4	-3.5	1.5	0.3
	5月	0.5	-4.3	0.7	1.0	0.3	-2.6	3.5	-0.7
	6月	0.9	-2.6	1.0	-1.8	2.0	5.1	5.8	-0.2
	7月	1.1	-1.4	1.2	-2.6	2.0	10.0	3.6	-4.4
	8月	1.0	-1.8	1.1	-1.7	2.1	7.4	2.7	-3.8
	9月	0.8	2.8	0.7	-3.1	0.2	1.9	1.2	-3.4
	10月	0.9	2.3	0.9	-0.6	-1.9	-3.0	0.9	-1.5
	11月	0.8	1.0	0.8	2.2	-0.1	6.0	-1.7	0.3
	12月	1.2	2.6	1.2	1.2	0.2	8.3	-1.7	1.4
2020	1月	0.9	7.0	0.7	-3.0	0.5	7.0	-2.5	2.1
	2月	0.5	-1.7	0.6	1.4	-1.4	-2.1	-0.3	4.2
	3月	0.2	-3.6	0.3	0.6	-2.2	0.9	3.6	1.6
	4月	-1.2	0.5	-1.2	-2.4	-1.6	9.0	4.5	-3.1
	5月	-1.1	-3.6	-1.0	-2.6	-2.5	6.7	2.8	-2.7
	6月	-1.1	-3.2	-1.1	-6.2	-1.2	1.3	-3.9	-1.4
	7月	-1.1	-3.7	-1.1	-4.0	-0.8	2.5	-2.3	-0.9
	8月	-1.1	-4.9	-1.0	-2.2	-4.8	4.7	-1.7	-1.5
	9月	-1.2	-11.2	-0.8	0.4	-3.7	8.6	-0.6	0.2
	10月	-1.4	-5.5	-1.2	1.2	0.5	3.1	1.5	0.7
	11月	-0.8	-5.2	-0.7	-1.6	-1.8	8.3	0.6	-0.1
	12月	-1.1	-6.7	-0.9	1.8	-1.0	8.9	0.3	-2.0
2021	1月	-0.7	-3.8	-0.7	4.8	-1.3	3.7	3.7	-2.0
	2月	-0.7	-2.3	-0.6	-3.0	-2.3	5.2	0.6	-0.3
	3月	-0.8	-0.5	-0.8	-2.5	-1.3	10.5	-1.4	-0.2

(注) 分類は、第13回改定日本標準産業分類(JSIC)による。
資料出所：総務省「労働力調査」(2021年4月30日公表資料)

おわりに

本書では「為政者」という言葉を意図的に使った。

為政を辞書で調べると「政治を行なうこと」「執政」とあるので「執政」を調べると「政治を行なうこと」とあった。和英辞典で調べたら載っていなかったので「執政」を調べたら、administration、government とあり、人：an administrator、a dictator、a chief executive of 等が載っていた。ちなみに、為政は載っていなかったが、為政者は載っていて、政治家 a statesman(politician)、行政官 an administrator となっていた。

読者の皆さんの多くの方から「だから、何？」と思われるかもしれないが、私はこういう切り口から物事を議論することが大切だと思う。

本当であれば、この本の中では、この国のマネジメントのあり方についての解析や評価、そして自説の披露等が記載されていないといけないのである。

経営者である私はそう思う。

しかし、国をマネジメント（経営）するという認識が、現代においても多くの支持は得られていない。とくに、この国ではそうである。

国は統治する、支配する、運営する、執政する、為政するものと考えるのが常識的である。

この常識を前提にした時に、会社の経営（マネジメント）について云々と意見を言ったり、議論を挑んだりする時は必ず経営者について言及するが如く、統治や運営や執政をしている責任者について議論の対象としなければならない。

よって、本書において国の統治のあり方（government）もしくは国家の運営（administration）のあり方を議論するということであれば、経営者でなく「為政者」という言葉、もしくは概念を採用して本書を執筆した。

現代の日本の現実は、多くの人が、新型コロナウイルスのパンデミックに対して、この国をどう統治、もしくは運営、もしくは執政していかなければならないかを考え、判断して、実行しているのは、菅政権と見なして、いろいろと議論がなされている。

しかし、私は、この国を為政、執政、そして統治、そして究極、支配しているのが誰なのか……は、そんな単純な話ではないと弁《わきま》えて、「為政者」という言葉をあえて用いた。

ちなみに日本国憲法は「主権在民」を謳《うた》ってあり、主権（＝sovereignty ＝統治権）は国民にあることから、観念的には統治者は国民であるし、統治責任は国民にある。ただ、その主権を実際に執行しているのは国民ではないことは皆さんも同意していただけることであろう。

主権在民の主権とは、国家の意思や政治のあり方を最終的に決定する権利、英語の sovereignty の訳語の一つということらしい。sovereignty を英和辞典で引くと、（一）主権、（二）統治権 とある。国語辞典では、統治権とは「国土・国民を治めとある。統治とは「主権者が国土、人民を支配し、治めること」る権利。主権。」とある。

欧米の先進国では、今回の新型コロナウイルスのパンデミックのような、国家が危機に直面した時に、憲法の条文の中に、特例的に私権を制限できるようにする条項があるらしい。米国は合衆国なので、州の憲法に多分そのような条項があるのではないかと推察される。

この時に、誰がその権力を行使できるのかが、大きな関心事である。大概の国で三権分立の形をとっているはずだから、少なくとも行政権者であることが予想される。ただし、共和制を取っているフランスにおいては大統領なのかもしれない。

日本においては、憲法にそういう条項はないため、理論上、いかなる状況においても、私権を制限することを憲法上、与えられている権力は存在しない。

主権者である国民であってもそうである。

多くの日本人が勘違いしているが、国会（立法権力）であろうともそのような権力はない。法律を作れば私権の制限ができるわけではない。

主権在民という理念と、それに基づく日本で言えば議院内閣制および三権分立のシステムは、たまに詭謀《きぼう》のように思える。

主権すなわち統治権は観念的には国民にあるが、実際は統治しているのは国民から負託を受けた三権のうちのどれかの権力である。

司法権力ではない。立法権力か行政権力のどちらかである。普通は政府すなわち行政権力というべきだろうが、通常における統治は、法治主義の日本では法の下でしか行政権力は行使できない。

また、憲法で国権の最高機関つまり国家権力の最高機関と謳われていることから、理論上は国家の最高権力は国会（立法権力）が握っていると推論される。

よって、統治は国会（立法権力）の支配下、政府（行政権力）で行なわれていると解釈するのが妥当である。しかし、最近は政府（行政権力）が掌握しているのが現状である。しかも、その政府の実態は官僚組織といっていい。

だから詭謀のように思えるのである。

このように、日本の憲法は、実際は観念的なただの文章の集合体で、日本は真に主権在民の国ではなく、憲法は基本的人権も自由や幸福追求の権利も守ってくれてはいないのではないか。

また、第十四条の法の下の平等についても守ってくれていないと、多くの局面において感じる。

欧米の国のように、パンデミックや戦争のような時に、もし日本国憲法に特別な条項があったとしたら、この国は理念的に国民が持っている国家の権力が誰に緊急避難的に移されようとも（たぶん、内閣総理大臣だろうと思うが）最低限の憲法の精神さえ守らない何でも有りになるのでは、と危惧してしまう。

元々憲法に国の緊急事態の時の「私権制限」を許す条項がないのに、この一四カ月超の間、この国の行政権力は結構やり放題であったことを見れば、それが杞憂ではないと同意していただけるだろう。

逆に、憲法にそういう条項をつけたほうが国民の自由や基本的人権など、まだ、最低限は守られるのでは、というと皮肉に聞こえるだろうか。当然、その発動条件とか、誰にその権力が与えられるのかとか、それでも守られるべき人権は何と何なのかのように、かなり厳格に決めるべきことを決めておかねばならない。

今、憲法第九条を変えるとか、変えさせないとか大騒ぎしているが、それこそ台湾有事とか、尖閣での武力衝突とか、北朝鮮のミサイル飛来とか、戦争状態になった時、太平洋戦争の戦時中のように、国民の人権が必要以上に侵害されないように憲法改正しておく必要があるかもしれない。

憲法改正させない派の人たちは、現状のように憲法違反的な行政権力の乱用で、一部の国民の生存権などが大きく犯されている時に全く役立たずであった。

マスコミも野党も案の定、昔の社会党と同じで単なる批判勢力でしかなく、ＧｏＴｏキャンペーンの足をも引っ張っていた。

さらには、法的拘束力を強くしろという輩も散見された。

本書では、意図的に「為政者」という表現を採用した。その理由はすでに述べた。外国のことは未詳であるが、はたして、この国では誰が統治者もしくは為政者なのだろうか。

そして、この一四カ月超のこの国の統治の、為政の実態を見るに、米国から与えられた憲法と民主主義、そして、それに関連する「法の支配」や「自由や基本的人権や法の下の平等等の理念」が、この国に、国民に、そして統治機構に、為政者(politician と administrator)に十分に正しく理解されているとは思えない。

所詮、本物の民主主義、自由主義は根付いていないのであろう。

支配者のことを ruler といい、国家権力のことを state power もしくは state authority という。人類の歴史の大半に亘って、支配者と法律は同義語であり、法律は支配者の意志に過ぎず、rule は ruler が自分の都合で作った。そうした圧政から決別の第一歩が「法の支配」の概念であった。

現代の日本における法の支配は、昔の「法の支配」に戻ったのか、戦前戦後でこの国は何も変わっていないのか、そんな思いが募る一四カ月超であった。

二〇二〇年で上位二一〇〇人の富豪の資産の合計は地球上に住む貧しい人四六億人の資産より多いという。ＳＤＧｓの謳い文句が地球を覆いつくす中、コロナ禍により富の偏在は進んでいる。

アマゾン社の二〇二一年一月から三月の業績は売上で四四パーセント増（前年同期比）、純利益で二二〇パーセント増、ファイザー社は同じく二〇二一年一月から三月で純利益四八億七七〇〇万ドル、四五パーセント増（前年同期比）、トヨタ社は二〇二〇年三月期純利益二兆二四五二億円、前期比一〇・三パーセント増であった。

ファイザー社もアマゾン社もトヨタ社も、その会社の社員が日本人であれば一人一〇万円支給されている。公務員の人も当然一〇万円／人支給されている。

米国の二〇二一年三月の宝石販売は前年同月比約二倍になり、株高で金融資産を多く持つ富裕層の消費意欲は高まっており、この傾向は日本も同様である。

ハワイに居住の娘によると、今、ハワイは米国本土からお金持ちが大量に押し寄せて来て、ホテルも満室、レストランも満席になりつつあるとのことである。

あとがきの最後ぐらいは情緒的なことを言わせていただきたい。

私たちも一〇万円／人はいただいた。だが、私たち、観光・運輸・飲食を生業にしている者だけが、なぜ、こんなにも痛めつけられなければならないかとの憤りとは別の話である。

私たちは、もはや天災の被害者ではなく、人災の被害者だ、と為政者の方々には自覚してもらいたい。

私だけでなく、御同業の皆さんも是非、声を上げてほしい。

二〇二一年六月吉日

岩崎芳太郎

巻末資料

新型コロナウイルス関連の日本国内の動き

※本資料は主にNHK 特設サイト「新型コロナウイルス」のニュースをもとに作成

4 月	
4/1 ［政府］首相 全国すべての世帯に布マスク2枚ずつ配布の方針表明	224
4/7 ≪緊急事態宣言≫ 発出：東京都、神奈川県、埼玉県、千葉県、大阪府、兵庫県、福岡県（7 都府県）（4/7 ～ 5/6 の 30 日間）	377
4/10 ［国内］第一波ピーク	708
4/16 ≪緊急事態宣言≫ 対象：全国拡大（4/16 ～ 5/6） ※うち、13 都道府県は「特別警戒都道府県」との位置付け	596

5 月	
5/4 ≪緊急事態宣言≫ 延長：全都道府県を対象に期間を 5/31 まで延長	177
5/12 【全国知事会】第8回「全国知事会 新型コロナウイルス緊急対策本部」開催	80
5/13 【全国知事会提言】 「少なくとも緊急事態宣言が発令されている期間においては、仮に一部地域で解除された場合であっても、都道府県をまたいだ不要不急の移動は行なわないよう、緊急事態宣言対象区域とそれ以外の区域との往来自粛の呼びかけの発出や～中略～など、引き続き国において強力な措置を講じること。」と提言	54
5/14 ≪緊急事態宣言≫ 解除：39 県 継続：北海道、東京都、神奈川県、埼玉県、千葉県、大阪府、京都府、兵庫県 ［政府］首相　記者会見 「解除した地域も含め、今月は県境をまたぐ移動を可能な限り控えてほしい」	100
5/21 ≪緊急事態宣言≫ 解除：大阪府、京都府、兵庫県	43
5/25 ≪緊急事態宣言≫ 解除：東京都、神奈川県、埼玉県、千葉県、北海道 ※全国で解除となる	20
5/25～【基本的対処方針資料：緩和の目安】2020/5/25 更新版 ・不要不急の帰省や旅行など、都道府県をまたぐ移動は避ける ・観光振興は県内観光の振興から取り組む	

2020

国内の動き ※本書で取り上げている主題を中心に		新規※ 陽性者数 （国内） ※ 陽性者数:厚生労働省オープンデータより
1 月		
1/6	［政府］中国 武漢で原因不明の肺炎 厚労省が注意喚起	0
1/14	【WHO】新型コロナウイルスを確認　※WHO＝世界保健機関	0
1/15	［国内］初の感染確認 武漢に渡航した中国籍の男性	1
1/22	［鹿児島］ダイヤモンド・プリンセス号寄港	0
2 月		
2/3	［国内］乗客の感染が確認されたクルーズ船 （ダイヤモンド・プリンセス号）横浜港に入港	0
2/11	【WHO】新型コロナウイルスを「COVID-19」と名付ける	0
2/28	［北海道］知事 独自に「緊急事態宣言」（～3/19）	20
2/29	［経産省］ マスクや消毒液 ネットオークションの出品自粛を要請	9
3 月		
3/13	新型コロナウイルス対策の特別措置法成立 （「緊急事態宣言」の発出が可能となる）	40
3/23	［東京都］知事「都市封鎖（ロックダウン）」に言及	38
3/24	【東京オリンピック】 東京五輪・パラリンピック 1年程度延期が決定。 オリンピック：2021/7/23～17日間 パラリンピック：2021/8/24～13日間	65
3/25	［東京都］知事 緊急会見 「いまの状況を感染爆発の重大局面ととらえ、この認識を共有したい」と強い危機感を示し、その上で平日はできるだけ自宅で仕事を行なって、夜間の外出を控え、特に今週末は不要不急の外出を控えるよう呼びかける。	93
3/28	［政府］安倍首相　記者会見 強制的に罰則を伴って実施することはできないとして、必要に応じて、都道府県知事が要請と指示を行なうという認識を示す。	194

↗

	9　月	
9/16	［政府］菅新首相 就任	543
	10　月	
10/01	★GoTo トラベル 東京発着が対象に追加される	623
	11　月	
11/18	【日本医師会中川会長　会見】 「『GoToトラベル』自体から感染者が急増したというエビデンス（根拠）はなかなかはっきりしないが、きっかけになったことは間違いないと私は思っている。感染者が増えたタイミングを考えると関与は十分にしているだろう」 また週末からの3連休については「我慢の3連休としてほしい」と感染拡大地域への移動の自粛を呼びかける。（朝日新聞デジタル 2020/11/18 記事）	2,179
11/20	【分科会提言】 地域の移動に係る自粛要請、GoToトラベル事業の運用見直しの検討を提言 【東京都医師会尾﨑会長　緊急会見】 「～前略～私はやはり東京が GoTo キャンペーンに入って、本当に東京に来る方、東京に出る方が多数増えてきたということが、影響がないという話ではないんじゃないかという風に思っているところでございます。日本医師会の中川会長もはっきりしたエビデンス、根拠はないけれども、やはり GoTo がある程度影響しているんだろうと～後略～」	2,418
11/24	★GoToトラベル GoToトラベルの対象から、札幌市と大阪市を目的地とする旅行を、12/15 までの 3 週間、除外することを決定。	1,217
11/25	【分科会提言】 「GoToキャンペーン」見直し等、必要な感染対策が取られない場合は、感染が急速に拡大している地域との間で往来を自粛するなど、3週間程度の短期間に集中してさらに強い対策を政府に求める。	1,930

国内の動き ※本書で取り上げている主題を中心に	新規陽性者数(国内) ※陽性者数:厚生労働省オープンデータより
6月	
6/1〜 【基本的対処方針資料:緩和の目安】2020/5/25更新版 ・一部首都圏、北海道との間の不要不急の県をまたぐ移動は慎重に	36
6/2 [東京都] 初の「東京アラート」都民に警戒呼びかけ	51
6/19 [政府] 都道府県またぐ移動の自粛要請 全国で緩和	54
6/19〜【基本的対処方針資料:緩和の目安】2020/5/25更新版 ・県をまたぐ移動が解禁 ・観光振興は県をまたぐものも含めて徐々に	
7月	
7/22 ★GoToトラベル開始 菅官房長官が記者会見で「感染防止と社会経済活動の段階的な再開を両立させることが政府の基本方針だ。今回の『GoToキャンペーン』も、こうした経済の段階的再開の一環だ」と述べる。	792
7/31 [政府] 新型コロナウイルスワクチン供給で米企業と基本合意 加藤厚生労働大臣は「本日、アメリカのファイザー社が新型コロナウイルスのワクチン開発に成功した場合、来年6月末までに6000万人分のワクチンを日本に対して、供給を受けるということについて、ファイザー社と基本合意に至った」と述べる。	1,574
8月	
8/5 【新型コロナウイルス感染症対策分科会提言】(以下、分科会提言) 「帰省する場合には〜中略〜高齢者等への感染につながらないよう注意をお願いします。そうした対応が難しいと判断される場合には、感染が収まるまで当分の間、オンライン帰省を含め慎重に考慮していただきたいと思います」	1,350
8/7 [国内] 第二波ピーク	1,595
8/8 【全国知事会メッセージ】 「お盆の帰省について、いま一度ご家族・ご友人との相談をお願いします」とお盆の帰省について慎重な判断を呼びかけ	1,523
8/28 [政府] 政府対策本部 「来年前半までに全国民へのワクチン提供目指す」と発表	870

↗

2 月

2/8	≪緊急事態宣言≫ 解除：栃木県 延長：残りの 10 都府県（～ 3/7）	1,215
2/13	改正特措法施行（まん延防止等重点措置の新設）	1,356
2/17	［国内］ワクチン先行接種始まる (医療従事者 約 4 万人対象、全国 100 か所の病院)	1,444
2/28	≪緊急事態宣言≫ 解除：岐阜県、愛知県、京都府、大阪府、兵庫県、福岡県	994

3 月

3/4	［世界］イタリア 新型コロナウイルスのワクチンの輸出を差し止め EU 初 イタリア政府は4日、国内で製造された製薬大手、アストラゼネカのワクチンのオーストラリアへの輸出を差し止めたと発表。	1,168
3/5	≪緊急事態宣言≫ 延長：東京都、埼玉県、千葉県、神奈川県（～ 3/21）	1,146
3/21	≪緊急事態宣言≫ 約 2 カ月半に亘る宣言が終了	1,110

4 月

4/1	≪まん延防止等重点措置≫ 対象：宮城県、大阪府、兵庫県（4/5 ～ 5/5 の 31 日間）	2,595
4/9	≪まん延防止等重点措置≫ 追加：東京都（4/12 ～ 5/11 の 30 日間）、京都府・沖縄県（4/12 ～ 5/5 の 24 日間）	3,467
4/12	［国内］高齢者へのコロナワクチン接種始まる 日本の人口の3割近くに上るおよそ3600万人を対象にした高齢者への新型コロナウイルスのワクチンの優先接種が始まる。	2,094
4/16	≪まん延防止等重点措置≫ 追加：埼玉県、千葉県、神奈川県、愛知県（4/20～5/11の22日間）	4,519

国内の動き ※本書で取り上げている主題を中心に	新規 陽性者数 (国内)
12 月	※ 陽性者数:厚生労働省オープンデータより
12/11 【分科会提言】 「ステージⅢ相当の対策が必要となる地域の皆さんへ。『年末年始の帰省』は、時期の分散のみならず、延期も含め慎重に検討すること」	2,781
12/20 【全国知事会】 「感染が拡大している地域とそれ以外の地域との間の帰省や旅行については、今一度必要性についてご家族などと相談し、今回は控えることも含め、慎重に行動しましょう」	2,391
12/25 ［国内］変異ウイルス 空港に到着の5人感染 検疫で初確認	3,813
12/28 ★GoToトラベル 全国一斉に一時停止（12/28 ～）	2,383

2021

1 月	
1/8 ≪緊急事態宣言≫ 発出：東京都、埼玉県、千葉県、神奈川県（1/8～2/7の31日間） ［国内］第三波ピーク	7,844
1/11 ［WHO］「集団免疫」について、世界の70％を超える人がワクチンを接種する必要があり、今年中の獲得は難しいという見方を示す。	4,851
1/14 ≪緊急事態宣言≫ 追加：栃木県、岐阜県、愛知県、京都府、大阪府、兵庫県、福岡県（～ 2/7）	6,598
1/20 ［政府］ワクチン 米製薬大手ファイザーと契約を正式締結 新型コロナウイルスのワクチンをめぐり、田村厚生労働大臣はアメリカの製薬大手ファイザーとの間で年内に7200万人分にあたるおよそ1億4400万回分の供給を受ける契約を正式に結んだと発表。	5,532

↗

国内の動き ※本書で取り上げている主題を中心に		新規 陽性者数 (国内)
	4 月	※ 陽性者数:厚生労働省オープンデータより
4/25	≪緊急事態宣言≫ 対象:東京都、大阪府、京都府、兵庫県(4/25～5/11の17日間)	4,434
	≪まん延防止等重点措置≫ 追加:愛媛県(4/25～5/11、17日間) 移行:東京都、大阪府、京都府、兵庫県 ⇒ 緊急事態宣言へ 延長:宮城県、沖縄県。5/11まで延長	
4/26	[国内] 死者1万人超える(約80%は去年12月以降)	3,303
	5 月	
5/7	≪緊急事態宣言≫ 追加:愛知県・福岡県(5/12～5/31) 延長:東京都、大阪府、京都府、兵庫県(～5/31)	6,032
5/9	≪まん延防止等重点措置≫ 追加:北海道、岐阜県、三重県(5/9～31の23日間) 解除:宮城県(5/12～) 延長:埼玉県、千葉県、神奈川県、愛媛県、沖縄県(～5/31) 移行:愛知県(5/12～) ⇒ 緊急事態宣言へ	6,243
5/12	[国内] 第四波ピーク(推測)	7,057
5/14	≪緊急事態宣言≫ 追加:北海道、岡山県、広島県(5/16～5/31)	6,269
5/16	≪まん延防止等重点措置≫ 移行:北海道(5/16～) ⇒ 緊急事態宣言へ 追加:群馬県、石川県、熊本県(5/16～6/13の29日間)	
5/18	[内閣府] 2020年度GDP発表 昨年度2020年度のGDP=国内総生産は、新型コロナウイルスの影響で実質の伸び率がマイナス4.6%となり、比較可能な1995年度以降で最大の下落となったと発表	5,229
5/21	≪緊急事態宣言≫ 追加:沖縄(5/23～6/20) ⇐ まん延防止措置	5,251
5/28	≪緊急事態宣言≫ 延長:東京都、大阪府、京都府、兵庫県、愛知県、福岡県、北海道、岡山県、広島県(6/1～6/20 20日間)	3,706

著者紹介

岩崎芳太郎（いわさき・よしたろう）

鹿児島商工会議所会頭、いわさきグループCEO

1953年、鹿児島県生まれ。鹿児島市立玉龍高校を卒業後、慶應義塾大学経済学部へ進み、1976年、三井物産株式会社入社。米国（ニューヨーク）勤務を経て、1984年、いわさきグループの中核会社、岩崎産業株式会社に入社。1987年、同社副社長、2002年から同社代表取締役社長に就任。鹿児島だけに止まらず、国内から海外へも事業を拡大。グループ関連会社である、いわさきコーポレーション（株）、いわさきホテルズ（株）、白露酒造（株）、豪州岩崎産業（株）、インターローカルメディア（株）など、30数社のCEOとして、陸運・海運・航空・観光・ホテル・放送・製造・林業など幅広く事業を展開している。

1997年 マンスフィールド特別賞受賞。2019年 国土交通大臣表彰。

鹿児島県商工会議所連合会会長、鹿児島県バス協会会長、鹿児島県観光連盟副会長、鹿児島観光コンベンション協会副理事長、九州商工会議所連合会観光委員会委員長、九州観光推進機構理事、日本ホテル協会理事、日本バス協会理事、日本旅客船協会理事、岩崎育英文化財団理事長などの要職を務める。

グループの創業者である祖父・岩崎與八郎は18年間、父である岩崎福三は12年間、鹿児島商工会議所の会頭を務めていた。

著書に『地方を殺すのは誰か』（PHP研究所）。

理不尽《りふじん》

観光《かんこう》を殺すのは誰《だれ》か

〈検印省略〉

2021年 7月27日 第1刷発行

著　者——岩崎 芳太郎（いわさき・よしたろう）
発行者——佐藤 和夫

発行所——株式会社あさ出版

〒171-0022 東京都豊島区南池袋 2-9-9 第一池袋ホワイトビル 6F
電　話 03 (3983) 3225 (販売)
　　　 03 (3983) 3227 (編集)
F A X 03 (3983) 3226
U R L http://www.asa21.com/
E-mail info@asa21.com
印刷・製本 美研プリンティング(株)

note http://note.com/asapublishing/
facebook http://www.facebook.com/asapublishing
twitter http://twitter.com/asapublishing

ISBN978-4-86667-298-4 C2034